Barbara Vödisch

Sananda
Die Neue Zeit ist jetzt

Barbara Vödisch

Sananda
Die Neue Zeit ist jetzt

Smaragd Verlag

Bitte fordern Sie unser kostenloses Verlagsverzeichnis an:
Smaragd Verlag
In der Steubach 1
57614 Woldert (Ww.)
Tel.: 02684.978808
Fax: 02684.978805
E-Mail: info@smaragd-verlag.de
www.smaragd-verlag.de

Oder besuchen Sie uns im Internet unter der obigen Adresse.

Deutsche Erstausgabe 2002
Coverbild: Hans Georg Leiendecker *Sender der Kraft*
Coverbearbeitung: XPresentation, Boppard
Satz: DTP-Service-Studio, Rheinbrohl
Printed in Czech Republic
ISBN 3-934254-44-6

Inhalt

* Über die Autorin 6
* Zum Geleit 7
* Du bist der Christus 11
* Das Ende von Karma 17
* Die Neue Zeit ist jetzt 25
* Indigokinder, die Kinder der Neuen Zeit 39
* Krankheiten 51
* Die Kraft des ICH BIN 55
* Beziehungen 73
* Autorität und Macht I 89
* Autorität und Macht II 101
* Am Anfang war das Wort 106
* Das Leben als Mensch 113
* Turbulenzen und Herausforderungen 126
* 11. September 141
* Der Körper 152
* Selbstlose Liebe, selbstloses Dienen 171
* Zum Ausklang 186

Über die Autorin:

Barbara Vödisch war zehn Jahre als Tanztherapeutin in psychiatrischen und suchttherapeutischen Einrichtungen tätig. Ihr Weg führte sie auch zu Ausbildungen in Aura-Soma, Rückführungen, Clearings, Prana Healing, Chakren- und Energiearbeit. Seit 1994 ist sie Channel – überwiegend für die Meisterin Nada, Jesus Sananda und die Andromedaner.
Zum Jahrtausendwechsel, nach der Übermittlung ihres Buches *Einssein mit Gott – das Ende jeder Suche* – erwachte sie im Ich-Bin-Bewußtsein.
Weit davon entfernt, perfekt zu sein, lebt sie wie alle Menschen ihr tägliches Leben. Für sie ist das ICH BIN, das Christusbewußtsein, nichts Besonderes, nur unser natürliches und selbstveständliches Sein.
Es ist ihr ein Anliegen, unterstützt von Lady Nada und Sananda, Menschen zu helfen, sich von ihren Verstrickungen zu befreien, das Göttliche im Allltäglichen zu erkennen und im ICH BIN-Bewußtsein zu erwachen.
Sie gibt Seminare, Vorträge und Einzelsitzungen.

Barbara Vödisch
Postfach 13 33
83203 Prien
www.barbara.voedisch.de

Zum Geleit

Seid gegrüßt im Namen des AllEinen.

Hier spricht Sananda. Ich war einst der historische Jesus. Ich möchte euch nicht viel über die Geschichten meines Lebens als Jesus erzählen, denn es ist bereits viel zuviel erzählt worden. Geschichten, die der Wahrheit nahe kommen, aber auch Geschichten, die so weit von meiner Botschaft entfernt sind, wie sie nur entfernt sein können. Die Zeit der Geschichten und ihrer Auslegung ist vorbei. Ich möchte euch hier keine weitere Variante meines Erdenlebens erzählen. Ich spreche zu euch, um das Bewußtsein des ICH BIN, des Christus in euch, zu aktivieren. Ich möchte euch von der Neuen Zeit erzählen, deren Botschafter ich bin. Es ist die Neue Zeit des "ICH BIN", des „So Sein"; des Erstrahlens im Gewahrsein des AllEinen.

Was zu dieser Zeit geschieht, ist kraftvoll, kollektiv und universell. Es bedarf nicht mehr einzelner weniger angebeteter Propheten wie früher. Es braucht keinen Retter der Menschheit. Das Tor des Christusbewußtseins, das Tor des ICH BIN, ist immer, ohne daß es einen "Verkünder" geben muß.

In eurer Zeit gibt es Menschen, die das, was ich einst verkündet habe, auf unterschiedliche Weise bereits leben, auch wenn sie nicht mit mir und meiner Botschaft in Bezug zu stehen scheinen. Sie sind die Botschafter des ICH BIN zu dieser Zeit.

In vergangenen Zeiten gab es nur wenige Menschen, die berufen waren, im Bewußtsein des AllEinen die Liebe Gottes zu verkünden. Es waren große und schwierige Aufgaben, die diese Menschen auf sich nehmen mußten. Das war oft ein Leben verbunden mit dem Erleiden körperlicher Qualen, ein Leben des Ausgestoßenseins, des Verfolgtwerdens und der Ver-

Liebe, an Bereitschaft, dem Einen Sein zu dienen und so viele Qualen auf sich zu nehmen. Es waren auch Kollektivseelenenergien, die sich durch diese einzelnen mutigen Kämpfer ausdrückten und den Weg in die Inkarnation fanden.

Heute ist eine andere Zeit. Immer mehr Menschen werden in das Christusbewußtsein erwachen. Momentan geschieht das noch vereinzelt. Es gibt bereits eine erste Welle von Menschen, die vollständig in das ICH BIN erwachen. Diese Menschen geben Hilfen. Sie sind Vorreiter für die Menschen, denen das Erwachen in das ICH BIN bevorsteht. Ich möchte euch bei dieser Entwicklung unterstützen. Denn es ist die Zeit gekommen, daß das ICH BIN, das Christusbewußtsein, in den Menschen erweckt wird. Das ICH BIN wird allmählich immer mehr zu einem ununterbrochenen Gewahrsein, zu der allumfassenden Erkenntnis der in Raum und Zeit existierenden Menschen werden.

Das ist noch in dieser Inkarnation möglich. Ihr könnt in das vollständige Gewahrsein des Christus, des Einen Seins, in dieser Zeit erwachen. Es ist die Zeit gekommen, den Abschluß der Inkarnationen zu vollbringen. Wenn Inkarnationen dann noch geschehen sollten, werden sie im vollen Bewußtsein des ICH BIN, des Christus in allem, gelebt.

Ich möchte euch mitteilen, daß ich nicht die historische Wesenheit Jesus bin, obwohl ich einst der historische Jesus war. Das, was ich bin, ist kosmisches, unendliches Bewußtsein, das Eine in allem. Das ist das Christusbewußtsein, das Gewahrsein des AllEinen. Und das ist viel umfassender und unendlicher, als ihr es euch vorstellen könnt. Es erstrahlt in vielen Teilaspekten. Die Zeit der Christusenergie, des Erwachens, ist gekommen. Es bedarf keiner Inkarnation eines Jesus mehr. Das ICH BIN, die Energie des AllEinen, wird jetzt in jedem von euch aktiviert. Ihr selbst seid der Jesus, der Christus der Neuen Zeit. Es geht immer mehr um ein globales Erwachen. Die Vorbereitungen sind geschehen. Die Zeit der Ernte, die Zeit des Erwachens in das ICH BIN, in unendliches Bewußtsein, ist gekommen.

Da ihr Menschen darauf ausgerichtet seid, in der Zukunft das Absolute und Perfekte, auch das Erwachen im Bewußtsein des AllEinen, zu suchen, möchte ich euch auf "das Jetzt" verweisen. Während du dieses Buch liest, kann es geschehen, daß deine Gedankenlinien, die Vorstellungen von Zeit, zum Stillstand kommen und auch die Erwartung, daß Erfüllung nur in der Zukunft geschieht. Es ist die Zeit, daß eure Energie und Gedankenströme, die auf die Vergangenheit und Zukunft ausgerichtet sind, kollektiv ins Jetzt transportiert werden. Ich spreche zu euch, um der Vorstellung, daß die Erlösung in der Zukunft liegt, ein Ende zu setzen. Es geht um einen Transport eurer Energie ins Jetzt, in diesen Moment, unabhängig von dem, was war, und von dem, was sein wird.

Ich möchte euch der Vorstellungen berauben, daß das unwiderrufliche, vollständige Erwachen im ICH BIN in der Zukunft liegt, und euch auch mitteilen, daß es nicht auf "den Erlöser" zu warten gilt.

Die Neue Zeit ist für euch alle. Sie ist nicht einzelnen Menschen vorbehalten.

Manche Informationen mögen für dich neu sein, manche sind dir bereits bekannt. Doch die Kraft dieses Buches, dieser Botschaften, liegt nicht auf der Ebene der Informationen. Daß ich zu diesem Zeitpunkt spreche, ist im Zusammenhang damit zu sehen, daß kollektiv Anhaftungen an Gedanken und Gefühlsenergien gelöst und die Kraft des Jetzt, des ICH BIN, aktiviert wird. Es geht nicht mehr um eine Vorbereitung durch das Vermitteln von Wissen und Informationen. Viele von euch sind schon so vorbereitet, daß es Zeit ist, endlich auf den

Punkt zu kommen. In der vorangegangenen Zeit ist bereits so viel Wissen und Informationen von alten Kulturen und von den geistigen Welten zu euch durchgedrungen. Doch jetzt ist die Zeit endlich da, das zu sein, das zu leben, was ihr in Wahrheit seid. Es geht nicht mehr um ein Wissen über das Christusbewußtsein, sondern darum, es selbst zu sein und zu leben. Es geht darum, das zu sein, was du in Wahrheit bist. Es ist die Zeit, den Christus, das AllEine, überall zu erkennen. Es ist die Zeit gekommen, die Ewigkeit in und hinter der Zeit zu erkennen.

Der Transport eurer Gedanken, Gefühle und Identifizierungen in die Kraft des Jetzt ist eingeleitet. Die Kraft des So Sein ist aktiviert. Die Zeit der Vorbereitung geht zu Ende. Es ist die Zeit, nicht mehr weiterzusuchen, sondern das ICH BIN zu finden und zu erwachen. Es geht jetzt um Erkenntnis. Es geht um eine tiefe Erkenntnis, die nichts mit Information und Wissen zu tun hat.

Viele von euch wissen viel über die Neue Zeit. Es gibt viele verschiedene Bilder, Übermittlungen und Geschichten, die dasselbe zu bezeichnen suchen. Das Wissen darüber hat dir vielleicht bis jetzt geholfen und dich vorbereitet, das zu verstehen, was geschieht. Doch jetzt geht es darum, das ICH BIN zu leben und zu sein. Jeder von euch ist angesprochen. Du bist angesprochen, dir die Ermächtigung zu geben, zum unendlichen Bewußtsein des ICH BIN zu erstrahlen. Und davon ist niemand ausgeschlossen.

Du bist der Christus

Jeder ist willkommen, ein Christus zu sein. So wie es meine Botschaft auf Erden gewesen ist, ist sie es auch jetzt.

Ich habe mich den Verlassenen, den Verrätern, den Kranken, den Mördern, den Ausgesctzten zugewendet. Ich wandte mich auch dem zu, was viele Menschen mit Abscheu und als nicht lebens - und liebenswert betrachten. Warum glaubt ihr, habe ich so gehandelt? Ich lebte in dem Bewußtsein, daß alles das AllEine in sich trägt und durch das AllEine erschaffen wurde. Jeder Mensch ist das AllEine, die vollkommene Liebe des Vaters, der göttlichen Mutter, des Sohnes und des Heiligen Geistes, jenseits von menschlicher, männlicher oder weiblicher Form. Es gibt keine Ausnahme. Es gibt niemanden, der nicht der Liebe des Allmächtigen würdig ist. Es geht um die Erkenntnis des Christus in allem, ohne Ausnahme. Deswegen bist du, egal wie viele "Verfehlungen" durch dich geschehen sind, würdig, das ICH BIN, die unendliche Gegenwart Gottes, in allem zu erkennen. Es gab keine wirklichen Verfehlungen. Alles, egal was du getan hast, geschah nach einem vollkommenen Plan. Jeder, egal wo er steht, was er war oder sein wird, ist der Liebe des AllEinen würdig.

Ihr seid würdig zu erkennen, daß ihr in Wahrheit das AllEine, der Christus und auch die Quelle selbst seid. Und so geht die Zeit der Bestrafung vorbei. Es gab niemals wirkliche Verfehlungen. Ihr habt das nur geglaubt, weil ihr nicht das Vollkommene in allem erkennen konntet.

So gab es die Verstrickung im Rad von Ursache und Wirkung. Denn das Christusbewußtsein, das Bewußtsein des AllEinen, war noch nicht in der Intensität von heute verankert. Die Energie, die durch mich transportiert wird, ist die Beendigung von Karma, die Beendigung von Zeit, die Beendigung von Ursache und Wirkung.

Ich verweise dich auf das vollkommene Bewußtsein. Ich verweise dich darauf, dich und alle Menschlichkeiten in dem Bewußtsein des AllEinen zu lieben und den Christus in allem zu erkennen. Nichts ist ausgeschlossen. Nichts, was nicht der göttlichen Liebe würdig ist. Nichts in dir, was so abwegig, so schlimm wäre, daß du nicht die Vollkommenheit in dir erkennen und erstrahlen lassen könntest. Ich möchte euch befreien vom dem Glauben, daß es etwas gibt, was euch von dem Christusbewußtsein trennen könnte. Nur der Glaube daran, daß du von dem Erstrahlen des ICH BIN abgeschnitten bist, trennt. Das läßt dich leiden. Das ist die Illusion. Das ist das Spiel von Karma, von Ursache und Wirkung. Das ist das Nichterkennen der Vollkommenheit in allem, was ist. Es ist ein Irrglaube, daß etwas nicht von Gott sein könnte. Es ist ein Irrglaube, daß es überhaupt "Gott" und "NichtGott" gibt. Das AllEine kennt keine Trennung. Kein Mensch, der, egal was er getan hat, weniger wert, weniger göttlich, weniger geliebt und weniger vollkommen ist. Es ist nur das Eine, AllEine - Bewußtsein in allem. Befreie dich von den Vorstellungen der Schuld und Nichtschuld, von Himmel und Erde, von Engel und Teufel. Es gibt nur das eine strahlende Bewußtsein.

Diese Botschaft brachte ich auf Erden, indem ich mich auch den Niederungen der Menschheit voller Liebe zugewandt habe. Denn ich sah immer nur die Liebe, die Vollkommenheit Gottes, in allem. Niemals gab es etwas anderes als das. Niemals gab es etwas anderes als das Eine. Ihr habt an die Trennung geglaubt und sie für wahr gehalten. Ihr habt an Vergangenheit und Zukunft geglaubt und euch darin verstrickt. Jetzt ist die Zeit, das Eine Bewußtsein hinter all der Dunkelheit, hinter all dem Schmerz, hinter all den Menschlichkeiten zu erkennen. Jetzt ist die Zeit, dich und das Leben so, wie es ist, zu lieben, alles zu lieben, wie es ist. Erkenne die Liebe in allem, auch in all den Menschlichkeiten. Erkenne die Liebe in dir und in allem, was ist. Damit trittst du aus dem Rad von Geburt und Wiedergeburt aus. Du erkennst deine wahre Freiheit, wenn du die Vollkommenheit und die Liebe in allem erkennst. Dann siehst du die Liebe, den Christus, auch in Mord und Totschlag, auch in Krankheit und in Leid. Es gibt kein "Abarbeiten" und "Durchleiden" von Karma mehr, wenn du die Vollkommenheit hinter allem erkennst. Du trittst heraus aus Ursache und Wirkung. Du trittst ein in den raumlosen Raum, jenseits der Zeit, in die Ewigkeit.

So konnten auch die Heilungen durch mich als Werkzeug "Gottes" geschehen. Ich sah hinter und in den Menschlichkeiten das Vollkommene. Selbst in all den Abgründen, die die Menschen verurteilten und zu verbergen suchten. Ich schaute hin. Ich sah all den Menschlichkeiten und Niederungen in die Augen, um dahinter die vollkommene Liebe, das vollkommene Geschenk Gottes, zu erkennen. Hinter Mord und Totschlag, hinter Sucht und Krankheit, hinter Macht und Ohnmacht, war immer nur das AllEine. In dem Bewußtsein jenseits von Zeit ist nur die Ewigkeit. Durch ewige, unendliche Gnade, die mir geschah, wurde das Gefangensein in Karma, in Vergangenheit und Zukunft, durch das Gewahrsein des ICH BIN, das Kanalsein für die Vollkommenheit des AllEinen, beendet. Das Rad stand still. Nur die Ewigkeit erstrahlte in den menschlichen Handlungen meines Lebens.

Ich lebte, wie auch du, inmitten all der Menschlichkeiten. Weißt du, daß du heute der Jesus, der Christus bist, der ich einst war?

Laß den Christus durch dich erstrahlen, in der Liebe zu all den Menschlichkeiten, in dem Erkennen der Vollkommenheit in allen menschlichen Niederungen. Lehrte ich etwa, daß alles anders sein und sich verändern muß? Habe ich gerichtet über die Menschen und ihr Verhalten? Habe ich gerichtet über die Niederungen der Menschen? Es war eine unendliche Liebe, die Menschen und alles, was ist, so zu lieben, wie es ist. Es fiel mir nicht schwer, denn ich erkannte, daß es nur Gott, nur das AllEine, und nichts anderes gibt. Auch ich wurde geprüft. Auch ich hatte Momente des Zweifelns. Auch mich wollte die Vorstellung, daß etwas nicht göttlich und nicht das AllEine ist, locken. Auch ich war Versuchungen ausgesetzt. Doch ich erkannte immer wieder, daß auch in und hinter den nur scheinbaren menschlichen Niederungen wie Haß und Wut, Eifersucht und Neid, die Liebe Gottes ist.

Die Liebe führt dich mitten ins Leben und zu den Menschen. Sie führt dich dahin, den Christus in deinem Mann, in deinen Kindern, in dem Krieg, in dem Zweifel und in der Angst zu erkennen. Dann bleibt nur das Eine Bewußtsein, die Erkenntnis des Christus in allem. Dazu mußt du weder dich noch die Menschen verändern. Erkenne die Vollkommenheit in dir und in allen Menschen. Das ist der gelebte Aufstieg, das gelebte Erwachen. Das ist das Christusbewußtsein, gelebt auf Erden. Es geht mitten in die Menschlichkeiten.

Mir ist auch ein dunkles Rot/Magenta zugeordnet. Es enthält auch die Farbe eures Wurzelchakras, die Farbe der Erdung, des Überlebens, des Lebens. Und kannst du dir jetzt vorstellen, daß keine meiner Botschaften von den Menschlichkeiten der Erde wegführt? Es geht zu den Niederungen der Menschheit, die gar keine Niederungen sind. Es geht mitten in dein tägliches Leben. Es geht um die Liebe hinter der Wut, der Verständnislosigkeit und der Einsamkeit. Es geht darum, deine Augen nicht davor zu verschließen. Es geht nicht darum, dich zu erheben. Es geht darum, daß all dies sein darf. Schau den Menschlichkeiten in die Augen, sieh die Angst, die Furcht, die Scham, die Traurigkeit und die Zerstörung und erkenne dahinter das Eine Bewußtsein und die Vollkommenheit in diesem Moment. Dann sind Zerstörung, Traurigkeit, Angst und Wut keine Bedrohung mehr. Du kannst dich ihnen stellen, denn du siehst nur noch das Eine, die Vollkommenheit in den Menschlichkeiten.

Du bist der Jesus, der Christus, indem du nichts als die Vollkommenheit Gottes für wahr hältst. Glaube nicht an etwas, das nicht von "Gott" sein könnte. Damit durchschreitest du das Gefangensein in Ursache und Wirkung. Du erkennst die Ewigkeit jenseits der Zeit, in der sich Karma abspielt. Die Zeit der Erkenntnis der Ewigkeit hinter der Vergänglichkeit ist gekommen. Das heißt nicht, daß ihr nicht weiterhin auf der Ebene der Zeit lebt. Das heißt nicht, daß es nicht weiterhin auch Vorstellungen von Richtig oder Falsch, von Gut oder Böse geben kann. Doch du erkennst und siehst nichts anderes mehr als das Eine Bewußtsein. Schau hinter die Menschlichkeiten und erkenne das Göttliche hinter und in allem. Es geht nicht darum, die Menschlichkeiten zu verachten. Es geht darum, die Liebe überall zu erkennen.

Wenn ich von erkennen spreche, dann meine ich nicht ein aktives Tun oder den Gedanken, es erkennen zu müssen. Es geht um etwas viel, viel Tieferes. Es geht ums Sein, indem du ganz selbstverständlich den Christus in allem erkennst und lebst. Damit es für dich nicht nur eine Vorstellung der Zukunft ist, möchte ich dich unterstützen, die Kraft des ICH BIN zu aktivieren und dir folgende Worte schenken, die du auch laut wie ein Gebet oder eine Affirmation sprechen kannst.

ICH BIN jetzt, jenseits von Zeit und Raum.
ICH BIN jetzt, jenseits von Schmerz und Leid.
ICH BIN jetzt, jenseits eines Glaubens,
was ich bin oder nicht bin.
ICH BIN jetzt, jenseits von Vergangenheit und Zukunft.
ICH BIN jetzt,
jenseits von Weiterentwicklung und Vervollkommnung.
ICH BIN jetzt,
jenseits von der Abwertung meiner Menschlichkeiten.
ICH BIN jetzt bereits das strahlende ICH BIN - Bewußtsein.
ICH BIN jetzt die Vollkommenheit, die ich im Außen suche.
ICH BIN jetzt bereits alles,
was ich bin und was ich suche.
Vergangenheit und Zukunft lösen sich auf.
Das Rad von Ursache und Wirkung steht still.
Nichts Menschliches, nichts Göttliches.
Alles nur Vollkommenheit, alles nur Liebe.
Das, was ICH BIN, ist jetzt.
Jetzt bin ich die/der, die/der ich bin.
Jetzt ist das vollkommene Christusbewußtsein.
Jetzt bin ich das ICH BIN.
Jetzt bin ich bereits das vollkommene Bewußtsein.
Jetzt bin ich das Eine, ohne daß es etwas Getrenntes gibt.
Jetzt bin ich (bereits) frei.
Jetzt stehen die Gedanken still.
Vergangenheit und Zukunft, die Linie der Zeit, steht still.
Jetzt ist das ICH BIN – Bewußtsein verankert.
Jetzt erstrahlt die vollkommene, göttliche,
unendliche Kraft.
AMEN

Das Ende von Karma

Ihr könnt aus dem Gefangensein im Rad von Ursache und Wirkung, aus der Illusion des Getrenntseins austreten und dem Leiden vieler Jahre ein Ende setzen.

Es ist Zeit, daß du im Bewußtsein der Ewigkeit erstrahlst. Es ist die Zeit der Freiheit gekommen, jenseits von Schuld, jenseits von Gut und Böse, jenseits von Schmerz und Leid. Das heißt jedoch nicht, daß es auf der Ebene menschlicher Erscheinungen keinen Schmerz, kein Gut und Böse mehr geben wird. Das heißt nur, daß du eingetreten bist in das unendliche Bewußtsein, das das Eine hinter Gut und Böse, Licht und Schatten, hinter Schuld und Nichtschuld erkennt.

Ich möchte dich ermuntern zu schauen, wo du in karmischen Strukturen gefangen bist. Wenn du es nicht karmische Strukturen nennen willst, nimm wahr, wo du verstrickt bist. Schau dir an, wofür du büßen willst. Schau dir an, wo du in Angst und Leid gefangen bist. Schau dir an, was du vermeidest und was du an dir nicht lieben kannst. Schau dir an, was du an dir und anderen verabscheust. Schau dir an, was du von dir erwartest, um dann endlich der Liebe des AllEinen würdig zu sein.

So viel Schmerz durch mangelnde Bewußtheit,
durch das Nichterkennen des AllEinen in allem, was ist.
So viel Schmerz in der Vorstellung,
daß du über Gut und Böse entscheiden kannst.
So viel Schmerz in der Vorstellung,
gut sein zu müssen und doch niemals gut genug zu sein.
So viel Schmerz durch den Glauben daran,
daß du, dein Leben und die Menschen anders sein sollten,
als sie sind.
So viel Schmerz in dem Glauben, nicht immer geliebt zu sein.

Wirklich, du kannst austreten aus dem Schmerz des Gefangenseins in Ursache und Wirkung, wenn du die Vollkommenheit hinter allem erkennst. Dann ist und war jeder Moment vollkommen, war und ist jeder Moment die Ewigkeit. Du bist im Rad von Ursache und Wirkung, von Karma gefangen, wenn du dir nicht der Vollkommenheit des AllEinen bewußt bist, dich für etwas schuldig befindest und unbewußt eine Bestrafung erwartest. Sieh die Vollkommenheit dessen, was bis jetzt auf deinem Weg geschehen ist. Sieh den Christus in dir und überall. Es gibt nur das eine, unendliche, göttliche Licht. Das ist jenseits von Gut und Böse, von Geburt und Wiedergeburt, von Karma, von Ursache und Wirkung.

Das heißt nicht, daß Ursache und Wirkung in der nächsten Zeit vollkommen verschwinden werden. Fähigkeiten, die bereits "mitgebracht" und "erarbeitet" wurden, können jetzt viel ungehinderter zu Tage treten. Es gibt weiterhin Geschehnisse, die Ausgleich finden wollen. Es gibt weiterhin diese Ebene von Ursache und Wirkung. Nur die Verstrickungen, die das Leiden verursachen, werden weniger werden. Es geschieht weiterhin, was geschehen soll. Es gibt letztendlich keinen eigenen freien Willen. Da ist nur der Wille des AllEinen. Da ist nur das eine strahlende Bewußtsein, das ICH BIN, das durch deinen Körper wirkt. Das vollkommene Bewußtsein, der Christus hat immer in und durch alles gewirkt, unabhängig davon, ob du es erkennen konntest oder nicht. Die Ebene der Menschlichkeit, der Polarität, existiert in eurer Dimension weiter. Daran wird sich nicht viel ändern.

Ich möchte nur die Erkenntnis in dir wecken, daß der Christus in und hinter all den menschlichen Geschichten ist. Das ist das Ende von Karma. Das spielt sich auf einer ganz anderen Ebene ab. In dem Gewahrsein des Einen in allem lösen sich Ursache und Wirkung, Vergebung und Nichtvergebung auf, obwohl es auf der Ebene der Geschehnisse Karma zu geben scheint. Es geht nicht darum, die Welt zu verändern, indem ihr die Ebene von Ursache und Wirkung und eure Menschlichkeiten zu perfektionieren versucht. Es geht um das Bewußtsein dessen, was sich hinter Karma, hinter Ursache und Wirkung, befindet. Das stoppt alles. Das eröffnet und ist die Ewigkeit.

Jetzt fragst du dich vielleicht, wie das aussehen soll? Was ist damit gemeint? Das sind große Worte. Was heißt das für mein Leben? Ganz konkret: Um der unendlichen Liebe gewahr zu sein, müssen die Menschlichkeiten nicht abgeschafft, nicht verändert und auch nicht perfektioniert werden. Das geschieht von allein, wenn es geschehen soll. Nein - erkenne, daß bereits jetzt, so wie du bist, das vollkommene Christusbewußtsein, das ICH BIN, durch dich erstrahlt und schon immer erstrahlt ist. Das Christusbewußtsein, das Eine Sein ist jetzt. Es ist jetzt bereits in dir. Es ist in allem. Dazu mußt du nichts Besonderes tun. Du kannst das in jeder alltäglichen Situation deines Lebens finden.

Und jetzt, sieh einen Menschen oder eine Situation vor dir, den oder die du ablehnst. Du glaubst, daß diese Situation oder dieser Mensch anders sein müßten. Und jetzt versuche, mit der Hilfe des Allmächtigen hinter diese Situation, hinter diesen Menschen zu schauen und den Christus, das vollkommene Bewußtsein, zu erkennen.

Es geht nicht über das Verstehen. Bitte um die Erkenntnis des AllEinen in und hinter dieser Situation, hinter dir und diesem Menschen. Dann kannst du erkennen, daß alles nur das AllEine ist, daß der Christus auch in dir, in diesem Menschen, in dieser Situation war und ist. Hier offenbart sich die Vollkommenheit. Ihr Menschen seid so darauf programmiert, das Göttliche, die Vollkommenheit nur in offensichtlichem Glück, in Harmonie und Schönheit zu sehen. Aber auch das, was ihr verachtet, ablehnt und als nicht göttlich betrachtet, ist Ausdruck der Liebe des AllEinen.

An dieser Stelle möchte ich den Fokus auf dich richten. Es gibt auch "Niederungen" in dir, vor denen du dich fürchtest. Es gibt Dinge, die du in dir "ausmerzen" und nicht haben willst. Es gibt so vieles in dir, das du nicht als das Eine in allem erkennst. Du glaubst, so wie du bist, nicht vollkommen zu sein. Du bist es aber nicht, die/ der darüber richten kann, wie du zu sein hast und was vollkommen ist. Das Vollkommene ist in und hinter allem. Die Macht des AllEinen strahlt durch dich. So bist du jetzt von allem, was war, befreit. Denn es war immer nur das AllEine, was sich durch Traurigkeit und Verzweiflung genauso gezeigt hat wie durch Freude und Glück. Alles war und ist immer vollkommen. Erkenne das, und du bist frei. Dann ist das Spiel des Leidens vorbei. Schuld und NichtSchuld lösen sich auf. Egal, was du über das, was ich hier mitteile, denkst und fühlst: Ich sage dir jetzt ganz eindringlich:

Das Ende des Leidens ist jetzt.
Das Ende von Schuld ist jetzt.
Das Ende, danach zu streben,
wie du jemals hättest anders sein sollen, ist jetzt.
Das Ende von Leid,
das du dir und anderen zugefügt hast, ist jetzt.
Das Ende von Verpflichtung, das Ende von Abhängigkeit,
die Erlösung ist jetzt.
Die Beendigung des Verstricktseins
im Rad von Ursache und Wirkung ist jetzt.
Jetzt ist die Zeit auszutreten, um das Spiel der Dualität von
Ursache und Wirkung in absoluter Freiheit, im Bewußtsein
des Christus in allem zu leben und das ICH BIN zu sein.

Wiederhole nun meine Worte, wie ein Gebet:

ICH BIN, die/der ICH BIN.
ICH BIN frei.
Ich trete aus dem GefangenSein im Rad von
Ursache und Wirkung aus.
Alles, was war, ist vorbei.
Alles, was war, war Ausdruck des AllEinen,
das ich nur nicht erkennen konnte.
Alles ist mir jetzt vergeben,
was jemals der Vergebung bedurfte.
Alles ist vergeben, egal was ich jemals anderen
oder mir selbst zugefügt habe.
Auch alles, was mir jemand an Schmerz und Leid
zugefügt hat, ist vergeben.
Es war in Wahrheit niemals Vergebung notwendig,
denn es war immer nur Ausdruck des AllEinen.
ICH BIN frei, von dem, was war,
egal was und wie es war.
ICH BIN frei von dem, was jemals sein wird.
ICH BIN das unendliche, strahlende Bewußtsein.
Niemals habe ich es verlassen.
Es ist die Ewigkeit, die ICH BIN.
Vergangenheit und Zukunft stehen still.
Das Jetzt, das ICH BIN, erstrahlt.
Jetzt und fortan, in jedem neuen Moment.

☆☆☆☆☆

Ich möchte jetzt kurz von den Erfahrungen als Jesus erzählen. Ich habe in eurer Welt gelebt. Mein Körper hat sehr viel Schmerz ertragen, und ich wurde gedemütigt. Es erschienen viele euch bekannte menschliche Gedanken, Gefühle und Erfahrungen. Mein Leben war in vielem mit eurem menschlichen Leben vergleichbar. Auch ich habe Schmerzen, Torturen, Erniedrigungen, Verachtung und Mißachtung erfahren. Dennoch, in all diesen menschlichen Erfahrungen, die ich durchleben mußte und die ihr auch durchlebt, war ich frei. Ich war frei, die Vollkommenheit des Göttlichen in allem zu erkennen. Ich war einfach, wie ich war und dem Bewußtsein der Vollkommenheit, dem AllEinen, ergeben. Ich war nicht allwissend und wußte nicht immer, was geschehen würde. Wichtig war einzig und allein das Vertrauen in die Allmacht "Gottes" und das Gewahrsein der Vollkommenheit in allem.

Auf der menschlichen Ebene erlebte ich Begrenzungen durch Gedanken und Gefühle. Doch das hat niemals das vollkommene Vertrauen in die göttliche Kraft und das Gewahrsein des Einen in allem berühren können. Ich kannte oft nicht den Sinn einzelner Geschehnisse, obwohl mir auch Visionen geschahen. Ein Aspekt in mir wünschte sich Frieden, Liebe und Harmonie und keinen Streit, kein Leid und keinen Haß. Doch darum ging es nicht. Hätte ich mit "Gott" gehadert, weil es Leiden, Kriege, Diebstahl und Machtmißbrauch gab, hätte die Kraft des Christus nicht so offensichtlich und stark durch meinen Körper wirken können. Jesus, das war die Hingabe an das Eine in allem. Die Person Jesus gab sich dem göttlichen Vater, der göttlichen Mutter, der unendlichen Liebe voller Vertrauen hin.

Den menschlichen Geschehnissen und Herausforderungen konnte auch ich nicht entfliehen. Ich konnte weder den Schmerz, den ich wie so viele Menschen erfuhr, noch die Geschehnisse des Lebens umfassend ändern. Wenn die Geschehnisse sich veränderten und Heilung und Befreiung aus Leiden geschah, dann war es Gottes Wille. Mein Geschenk an die Menschheit ist und war, das vollkommene Vertrauen in das AllEine. Es geht nicht darum, dein Leben in das perfekte Leben eines besseren Menschen zu verwandeln. Es geht nicht darum, daß Traurigkeit und Tränen verändert und abgeschafft werden müssen. Es geht darum, hinter und in der Traurigkeit, in den Begebenheiten des Lebens die Vollkommenheit zu finden. Gib das, was du glaubst zu sein, dem AllEinen hin, um einfach nur zu sein.

Das AllEine strahlte durch mich, obwohl ich in einer Zeit großer Dunkelheit inkarniert war und mich in und durch diese bewegen mußte. Es konnte von Verfolgung und Qual nicht zerstört und von Schmerz nicht gemindert werden. Es konnte auch von Unverständnis, von Ablehnung und dem Wunsch mancher Menschen, es auszumerzen, nicht zum Erlöschen gebracht werden. Auch in der Dunkelheit war und ist immer das unendliche Bewußtsein, das ICH BIN. Die Vollkommenheit ist zu jeder Zeit, in jedem Moment. Nichts, was sich verändern müßte. Auch in Traurigkeit und Schmerz ist das vollkommene Bewußtsein. Deswegen brauchst du Traurigkeit, Schmerz und Angst genausowenig von dir zu weisen, wie die Dunkelheit in dir, die dir im Außen reflektiert wird. Heiße alles willkommen, ob dein Körper Schmerz erfährt oder ob du traurig bist. Das vollkommene Bewußtsein, das ICH BIN, ist immer.

Einige Zeit erfuhr ich in meinem Körper unbeschreiblichen Schmerz, unbeschreibliches Leid, kollektiven Schmerz, kollektives Leid. Auch Momente des Zweifels erwachten in diesem Schmerz, doch nur, um sich in noch größere Hingabe an das AllEine zu verwandeln. In unglaubliche Kräfte, in das unendliche Bewußtsein wurde ich jenseits des Schmerzes, jenseits der Angst emporgehoben. Das vollkommene Christusbewußtsein ist jetzt in deinem Leben, aber es wird sich nicht immer schillernd und leuchtend entfalten. Es geht nicht darum, daß es keine Traurigkeit, keinen Schmerz und keine Alterung mehr geben wird und darf. Doch die Freiheit des Bewußtseins des ICH BIN erstrahlt. Sie erstrahlt bereits jetzt. Dazu muß nicht alles anders, dazu muß nichts besser sein. Traurigkeit und Schmerz, auch sie sind der vollkommene Ausdruck des AllEinen. Deine Zeit ist jetzt! Das Ende des Irrglaubens, dich vervollkommnen und dich zu einem perfekten Menschen entwickeln zu müssen, ist jetzt! Das Ende von Karma ist jetzt! Das Christusbewußtsein ist jetzt! Es war und ist immer. Es ist die Ewigkeit, und sie ist unabhängig von dunklen oder lichten Zeiten. Sie ist unabhängig von Wut, von Liebe und von Haß. Sie ist unabhängig von den Geschehnissen der Menschheit. Sie war in der Vergangenheit, in der Zeit des Jesus, ebenso wie jetzt. Auch Heilige, Aufgestiegene Meister, Erwachte waren, wie auch ich, von der Ebene menschlicher Perfektionsansprüche her gesehen, "unvollkommen". Doch sie erkannten die Vollkommenheit in der Unvollkommenheit und lebten im Glanz des AllEinen. Sie wirkten durch das ICH BIN. Jetzt ist die Zeit, zu erkennen, daß alles, was ist, vollkommen und göttlich ist, daß du erstrahlst in dem einen unendlichen Sein, egal wie dein Leben war und sein wird. Das Ende der Suche ist jetzt!

Die Neue Zeit ist jetzt

Es gibt so viele Vorstellungen, die die Zukunft betreffen, Voraussagen einer Neuen Zeit oder einer Apokalypse. Es gab immer den Wunsch der Menschen nach Befreiung und Erlösung aus dem Leiden, nach einer besseren Zeit, einer besseren Welt. Das ist die Erinnerung an die Freiheit des ICH BIN. Es ist die Erinnerung an das, was du bist. Doch ihr habt immer auf der Ebene menschlicher Erscheinungen gesucht, von der ihr geglaubt habt, sie verbessern zu müssen. Ihr seid immer davon ausgegangen, daß ihr und die Welt anders sein müßtet. Eure Energie und eure Wünsche sind auf die Zukunft ausgerichtet, weil das, was war und ist, nicht vollkommen genug zu sein scheint.

Du glaubtest immer, nicht vollkommen zu sein. Somit konntest du auch die Vollkommenheit des AllEinen, die durch deinen Körper wirkt, nicht erkennen. Was, wenn die Vollkommenheit niemals in der Zukunft zu finden ist? Was, wenn es eine Farce ist, daß du immer auf die Erlösung in der Zukunft hoffst? Was, wenn es nur eine Illusion ist, daß Freiheit und wahres "Glück" erst zu finden sind, wenn die Menschen besser sind, wenn endlich Jesus, der Erlöser, zurückkehren wird, oder du durch UFOs gerettet wirst? Du machst dich damit abhängig von etwas, was dir notwendig erscheint, damit du im Gewahrsein des AllEinen, in unendlicher Liebe, erwachen kannst. Du machst dich abhängig von etwas, was besser und erfüllender zu sein scheint als das, was jetzt, in diesem Moment, bereits ist. Die Erlösung, der wahre Frieden, hängt nicht von äußeren Geschehnissen ab. Wahrer Frieden geschieht durch Erkenntnis, durch das Gewahrsein der Unendlichkeit. Frieden ist, wenn du die Anhaftung an Vorstellungen, wie deine "Erlösung" auszusehen hat, löst und sie an das AllEine übergibst. Frieden ist, wenn du die Vollkommenheit, den Christus, jetzt erkennst. Selbst wenn es, was absolut unwahrscheinlich ist, Evakuierungen durch Raumschiffe geben sollte, ändert das nichts daran, daß du weiterhin in einer Illusion verstrickt und von etwas abhängig bist, das dir Frieden schenkt, anstatt die wahre Freiheit in dir zu erkennen.

Es geht nicht um äußere Formen und Veränderungen. Es geht nicht um einen anderen Ort, um eine andere Zeit. Begreife, die wahre Freiheit ist immer, egal, was geschieht und geschehen will. Das ist allein in "Gottes Macht". Egal, welche Geschichten es in deinem Leben gibt und welche Vorstellung du vom Glück hast, erkenne den Christus in deinem Leben jetzt. Das ist von nichts und niemandem abhängig. Das ist die Neue Zeit.

Viele von euch projizieren auf die Neue Zeit ein Paradies, gemäß ihren Vorstellungen. Viele haben die Vorstellung, daß Altern nicht mehr geschieht und alles nur eitel Sonnenschein sein wird. Das sind nur Vorstellungen. Es geht um wahre Freiheit. Und diese ist unabhängig davon, ob es Krieg gibt, ob die Erde sich auflöst, ob Menschen durch Raumschiffe evakuiert werden, oder ob das Leben so weitergeht, wie es ist. Glaubst du wirklich, daß die Neue Zeit, daß wahre Freiheit, unendlicher Frieden von bestimmten Geschehnissen abhängig ist?

Es ist letztendlich unbedeutend, was geschehen wird, ob es eine Apokalypse gibt oder nicht. Ich möchte in diesem Moment mit dir sein. Jetzt, in diesem Moment, sind die Dinge so, wie sie sind. Und in diesem Moment liegt deine Freiheit. Egal, wie viele Menschen in das AllEine Bewußtsein erwachen, egal, was gesagt wird, das "Paradies", die "Erlösung" ist jetzt. Sie ist immer jetzt in deinem Leben, so wie dein Leben gerade ist.

So viele Energietore, die sich in dieser Zeit öffnen, um die Erkenntnis, das Gewahrsein des AllEinen, für euch erstrahlen zu lassen. Warte nicht auf deine Rettung. Was, wenn die Neue Zeit, die Freiheit dort nicht zu finden ist? Was, wenn sie nicht abhängig von Geschehnissen ist? Was, wenn das wahre Sein, unendliche Liebe schon immer ist? Die Neue Zeit ist nicht damit einhergehend, daß ihr fortan auch auf der Ebene der äußeren Geschehnisse nur noch in Frieden und Harmonie leben werdet. Das heißt auch nicht, daß euer Körper nicht altern und nicht sterben wird. Es heißt auch nicht, daß es das "Paradies" eurer Vorstellungen geben wird. Das, worüber ich spreche, ist auch jenseits des Paradieses. Es ist nur Sein. Es wird die Herausforderung angenommen, das Göttliche in allem, auch in der Dunkelheit, zu erkennen. Es wird erkannt, daß es keine Dunkelheit gibt. Sie löst sich auf in der Erkenntnis, daß hinter und in der Dunkelheit nur das Licht des Göttlichen erstrahlt. - Keine Angst vor einem Weltuntergang, kein Festhalten an der Vorstellung eines Paradieses. Um all das geht es nicht wirklich.

Es geht um das strahlende Bewußtsein, das unabhängig ist von Tod und Geburt, von Schmerz und Freude, von Himmel und Hölle, vom Paradies und von der Entwicklung der Erde. Die Dinge geschehen, so oder so. Die Entwicklung geht weiter, so oder so. Warte nicht auf etwas, von dem du deine Erlösung abhängig machst.

Wenn ich von Erlösung spreche, heißt das, frei zu sein inmitten all der Menschlichkeiten, frei zu sein in der Welt, wie sie in diesem Moment ist. Erlösung heißt nicht, daß Gedanken und Gefühle verschwinden. Es heißt nur, nicht mehr in ihnen gefangen zu sein. Das Licht des AllEinen ist auch in der Dunkelheit. Es ist in der Vollkommenheit dieses Momentes. Es ist in der Liebe, in dem So-sein-lassen dessen, was ist. Die Vollkommenheit ist bereits jetzt, auch in deinem Partner mit all seinen menschlichen Unvollkommenheiten, in deinen Kindern und in deinem Chef. - Alles ist vollkommen. Die vollkommene Welt ist innerhalb der Unvollkommenheit bereits jetzt. Du lebst in dieser Welt so, wie sie ist. Sie wird sich nicht, obwohl momentan für irdische Verhältnisse sehr schnelle Wandlungen vonstatten gehen, vollkommen verändern. Du lebst in derselben Welt wie zuvor, und dennoch ist es, als wäre diese Welt plötzlich eine andere, wenn du die Vollkommenheit in der Unvollkommenheit erkennst. Es ist nur die Veränderung deines Bewußtseins. Die Anhaftungen und Identifizierungen lösen sich.

Du erkennst die Vollkommenheit in allen Gefühlen, Gedanken und Geschehnissen. Das ist die Freiheit, die in der Vollkommenheit des AllEinen, in unendlicher Liebe, erstrahlt. Sie ist von nichts abhängig. So viel Zeit, die bereits vergangen ist, weil du auf eine Erlösung, auf deine Vervollkommnung gewartet hast, um in der Zukunft den unendlichen Frieden Gottes zu finden und die Ewigkeit zu berühren! Jetzt ist bereits der göttliche Funke, das ICH BIN, die Stille in dir!

Ich war Herausforderungen und Versuchungen ausgesetzt und lebte in einer sehr schwierigen Zeit. Doch die Kraft des Christus war damals, genauso wie sie jetzt ist. Zu der damaligen Zeit war sie schwerer zu erkennen, da das Kollektivbewußtsein noch mehr im Nebel der Illusionen gefangen war. Dennoch war der Friede, das Licht des AllEinen, auch immer da, auch in der Zeit des Mittelalters, in den schrecklichen Zeiten der Kriege, der Zerstörung und der Dunkelheit. Auch in diesen Zeiten war alles immer nur das AllEine, schwerer zu erkennen, aber allgegenwärtig. Doch heute öffnen sich die Schleier.

Ihr Menschen erstrahlt jetzt in der Neuen Zeit. Ihr Menschen erwacht kollektiv immer mehr in das Bewußtsein des AllEinen, in das, was du bist, immer warst, immer sein wirst und niemals verlassen hast. Es gibt einige, die bereits in diesem Bewußtsein erwacht sind. Sie helfen euch, euch zu erinnern. Sie helfen euch zu erkennen, daß die Neue Zeit jetzt ist. Noch sind sie vereinzelt, doch es werden immer mehr. Es ist wie ein Schneeballsystem, das sich nicht mehr aufhalten läßt. Es ist unsagbare Freude in mir, diese Worte sprechen zu können. Das Erwachen einiger Menschen im Bewußtsein des ICH BIN geschieht, ohne daß sie die Erde verlassen oder verändern müssen. Es bedarf dazu nicht eines "Gurus", eines Verkünders, wie ich es damals war. Das würde auch aus "praktischen Gründen" gar nicht mehr funktionieren. Denn es gibt viele Menschen, die bereits jetzt bereit sind, im Christusbewußtsein zu erstrahlen, so daß es verschiedener Boten und Lehrer bedarf. Es breitet sich aus.

Um möglichen Ängsten vorzubeugen, daß das Erwachen im Christusbewußtsein "dir" nicht geschehen könnte und du vergessen werden und nicht gut genug sein könntest, betone ich jetzt: Das vollkommene Bewußtsein, das Bewußtsein des AllEinen, ist immer. Es kann nicht verpaßt werden. Es gibt nichts zu erreichen. Du bist das, was du bist, ein Funke des AllEinen. Ob du es erkennst oder nicht, du bist immer geliebt. Du bist nicht vergessen. Du bist immer ein Kind Gottes. Alles, was dich etwas anderes glauben läßt, ist ein Irrtum. Du bist bereits das AllEine. Du kannst es jetzt erkennen oder nicht, es macht letztendlich keinen Unterschied. Es ist nur deine Vorstellung, die dich glauben läßt, herausgefallen zu sein und nicht zurückkehren zu können. Das ist eine Illusion. Laß die Anstrengung, etwas finden oder dich irgendwohin entwickeln zu müssen, um die unendliche Liebe zu finden, gehen. Diese

Vorstellungen sind menschlich. Sie sind willkommen. Doch schenke ihnen nicht deinen Glauben. Du bist der göttliche Funke immer und ewig.

Du kannst das immer mehr in dem menschlichem Leben auf der Erde erkennen, ohne daß die Welt sich verändern muß. Sie verändert sich von allein durch das Bewußtsein des Christus, das Unwissenheit nimmt und wahre Freiheit schenkt. Das Ende der Suche, das Gewahrsein der Ewigkeit ist jetzt. Das ist von nichts Äußerem abhängig. Es ist die Freiheit des ICH BIN in und jenseits von allem, was ist.

Ich möchte euch ein konkretes Beispiel für das Erwachen im ICH BIN geben. Es ist nur eine der vielen Variationen, wie sich das Erwachen im Bewußtsein des Christus, des ICH BIN, äußern kann. Das könnte ein fiktives Wesen, das ich jetzt „Hans" nenne, sein.

Hans arbeitet als Informatiker in einem großen Konzern, ist verheiratet und hat zwei Kinder. Er zweifelt immer wieder, ob seine Arbeit als Informatiker, hinter einem Computer sitzend und dazu noch in so schwierigen Firmenstrukturen, sein Glück ist. Er fragt sich, ob seine Frau, die manchmal so bestimmend, launisch und rechthaberisch und nicht so schillernd, engelsgleich und verführerisch ist, wie er es sich wünscht, für ihn die richtige Wahl war.

Sie haben einen Sohn und eine Tochter. Der Sohn ist sehr rebellisch. Besonders seit er in der Pubertät ist, will er nichts mehr von seinem Vater wissen und sträubt sich gegen jede Leistungsanforderung. Hans wünscht sich nichts mehr von seinem Sohn als gute Leistungen in der Schule, damit er eines Tages erfolgreich ist und genug Geld verdient. Er ärgert sich oft über diesen widerspenstigen und so wenig strebsamen Sohn.

Seine kleinere Tochter liebt er sehr und ist ihr verbunden. Es fällt ihm leicht, sie zu lieben, wie sie ist.

Schon lange Zeit wartet er, daß die Geschehnisse sich verändern. Er hofft auf einen neuen Job und daß seine Frau weniger launisch, aber dafür schillernder und verführerischer ist, damit er glücklich sein kann und ihm die vollkommene Liebe eröffnet wird. Er erwartet von seinem Sohn, daß er ihn als Vater mehr respektiert und seine Leistung in der Schule verbessert. Und auch angepaßter und freundlicher wäre. Hans sucht. Er sucht nach dem Glück. Er sucht nach dem Gott, nach der Freiheit seiner Kindertage, die ihm die Erlösung und das Paradies, nach dem er sich sehnt, schenken möge.

Wie oft hat er sich im Laufe seines Lebens gewünscht, daß er selbst, seine Frau, sein Sohn und das Leben anders wären. Wenn die Menschen liebevoller und besonders an seiner Arbeitsstelle weniger intrigant und oberflächlich wären. Wenn er sich selbst weniger gehen lassen würde. Immer wieder stellt sich ihm die Frage, wann endlich alles gut wird. Wann kommt der Frieden, die Liebe, nach der er sich sehnt?

Das, wonach er sich sehnt, hätte er selbst sicherlich nie mit Liebe bezeichnet. Eher vielleicht mit der Suche nach Perfektion, Glück und Frieden. Sicher hätte er es auch nicht als die Suche nach unendlicher Liebe und Frieden bezeichnet, wenn er sich wünschte, doch erfolgreicher zu sein, damit es ihm und seiner Familie finanziell besser ginge. Was ist das "Besser", "Mehr" oder "Anders", nach dem er sucht? Es ist der vollkommene Frieden, das Gewahrsein des AllEinen. Obwohl Hans sich sehr bemüht, gab es ganz selten Momente, in denen sich dieser Frieden, diese Vollkommenheit offenbarte. Überraschenderweise war er manchmal in ganz einfachen Momenten eins mit sich und allem so, wie es war.

Irgendwann geschah in Hans überraschend die Erkenntnis, daß sein Glück, das, was er sucht, scheinbar doch nicht in der Zukunft zu finden sei. Zu schlau war er, um nicht zu erkennen, daß die Momente der Gnade, die er erfuhr (die er selbst aber niemals als Gnade bezeichnet hätte), ganz einfache Momente des Friedens waren, wo nichts hätte anders sein müssen. So wandte er sich einst in tiefer Verzweiflung an "Gott". Er bat um die Erlösung aus diesem Suchen. Er sei es satt, immer kein Ende zu finden. Er suche schon seit so vielen Jahren nach dem Glück, und bis auf kurze Augenblicke war kein Ende dieses Hoffens, dieser Suche absehbar. Er bat aus tiefstem Herzen darum, endlich inneren Frieden und Glück zu finden.

Dann gab es ab und zu Momente, wo er die Vollkommenheit seines Lebens mit seiner Frau und seinen Kinder erkennen konnte und in denen er einfach war. Das waren keine besonders lichtvollen Erfahrungen und keine überraschenden Gotteserfahrungen. Bei ihm war's still. Er war einfach in der Vollkommenheit des Moments, auch als sein Sohn rebellierte, er mit seinem Hund spazierenging und seine Frau umarmte. Er war in der Vollkommenheit seines Lebens, des AllEinen in allem gewahr.

Als er den nächsten Tag zu seiner Arbeit ging, war sie immer noch dieselbe und dennoch neu. Sie war immer noch eine große Herausforderung. Es gab immer noch Auseinandersetzungen mit Kollegen. Doch war es nur noch eine Auseinandersetzung, sonst nichts. Selbst in dieser erlebte er einen tiefen inneren Frieden. Da war kein Leiden mehr. Es war einfach nur so, wie es war. Der Frieden verließ ihn nicht, auch als ein Kollege ihn verurteilte und anzweifelte. Die Vollkommenheit war, die Vollkommenheit ist. Er lebte einfach diesen Tag. Er nahm für einen kurzen Moment eine Traurigkeit über das Urteil und den Angriff seines Kollegen wahr. Doch auf eine seltsame Art und Weise sah er trotzdem nur die Vollkommenheit. Auf seltsame Art und Weise konnte das, was plötzlich durch ihn erstrahlte, nicht zerstört werden. Es war die Ewigkeit. Trotzdem war es nur ein Tag, wie viele Tage seines Lebens. Doch dieser Tag wurde in der Kraft des ICH BIN erlebt.

Genauso verließ ihn diese Selbstverständlichkeit des Seins auch wieder. Manchmal wollte er sich an den Tagen des selbstverständlichen und natürlichen Seins, des tiefen inneren Friedens, festhalten. Doch das stellte sich als unmöglich heraus. So zogen wieder die Tage ins Land und per Glück, Zufall oder Gnade geschah es, daß sich in Hans die Erkenntnis ausbreitete, daß es nicht um die Veränderung der äußeren Dinge geht, um seinen Frieden, die Selbstverständlichkeit des Seins zu finden. Er besuchte weder Meditationsgruppen noch religiöse oder spirituelle Treffen. Doch immer wieder fand er sich in dieser tiefen inneren Gelassenheit und Stille wieder.

Es erzeugte sein Unverständnis, wie das einen Tag möglich und an einem anderen nicht möglich war. Manchmal war er in der Selbstverständlichkeit des Seins, und dann wiederum war er in seinen Vorstellungen und Erwartungen gefangen, daß nur, wenn etwas anders wäre, die Vollkommmenheit des Seins wieder zu finden sei. Doch das stellte sich so nicht ein.

Und so wurde ihm deutlich, daß die Selbstverständlichkeit des Seins unabhängig davon ist, ob es ein Tag erfreulicher oder weniger erfreulicher Geschehnisse ist. Ein nicht erfreulicher Tag auf der Ebene der Geschehnisse war in der Freiheit des Seins dennoch vollkommen. So senkte sich in ihm die Bewußtheit und die Gewißheit, daß der Wunsch nach einem besseren Leben unabhängig von äußeren Bedingungen, unabhängig von dem Verhalten seiner Frau, seiner Kinder und auch unabhängig von seiner Arbeit sein mußte. Denn wie konnte es sein, daß er in der Freiheit des Seins seine Frau, die nicht anders als an anderen Tagen war, plötzlich in dieser Vollkommenheit, in ihrer Schönheit erkennen konnte, selbst wenn sich die menschlichen Unvollkommenheiten durch sie ausdrückten? Es war dieselbe Frau, die sich nicht besser und nicht schlechter verhielt als an anderen Tagen. Es war derselbe Beruf, der nicht besser oder schlechter verlief als an anderen Tagen.

Auch Hans hatte sich in diesen Tagen nicht auffallend verändert. Er ging wie immer zum Fußballspielen und mit seinen Freunden ein Bier trinken, auch an diesen "besonderen" und doch gewöhnlichen Tagen des selbstverständlichen Seins. Nichts war anders, und dennoch war an diesen Tagen alles anders. Diese Tage waren nur durch die Bewußtheit, das Erkennen des Christus in allem, besonders. Er hätte es niemals als das Erkennen des Christus in allem bezeichnet. Es war einfach so, wie es war, eine wundervolle innere Freiheit, ein tiefer innerer Frieden. Da war eine Stille, eine unendliche Stille, und alles war einfach vollkommen in Ordnung. Er lebte diesen Tag in der Vollkommenheit des Augenblickes. Das, was geschah, war von einer Stille, von einer ungeahnten Selbstverständlichkeit und Vollkommenheit durchzogen. Nichts, was an diesen Tagen hätte anders oder vollkommener sein müssen. Diese Tage waren Tage wie die bisherigen Tage seines Lebens, und dennoch anders. Und allmählich breiteten sich diese Tage, die einst nur seltene Momente innerhalb einiger Jahre waren, auf die Dauer einzelner Tage aus.

Genauso gab es auch Tage, wo alles anders sein sollte, er alles einschließlich sich selbst anzweifelte und auf mehr Perfektion und ein "Besser" in der Zukunft hoffte. Und das, obwohl er bereits erkannt hatte, daß die Freiheit oder das "Wohlfühlen" von nichts abhängig ist. Doch immer wieder konnte er das selbstverständliche Sein, das Bewußtsein, das ihm an manchen Tagen geschenkt wurde, an den anderen Tagen nicht erzwingen. Er mußte erkennen, daß das nicht in seiner Hand lag, auch nicht in seiner Macht. Er merkte nur, daß er den Vorstellungen, daß sein Leben anders sein müßte, nicht mehr so viel Glauben schenkte. Die Zeiten der Verstrickung wurden kürzer. Der Glaube, daß sein Glück von etwas abhängig sei und in der Zukunft liegt, ließ nach.

Dann bemerkte er, wenn er den Gedanken, daß in der Zukunft alles besser sein könnte, keinen Glauben schenkte, der Frieden trotzdem erhalten blieb. Er bemerkte, daß er diese menschlichen Gedanken und Zweifel genausowenig ausmerzen und von sich schieben mußte wie seine ihm angeborene Ungeduld. Er erkannte immer mehr, daß diese ihm so vertrauten menschlichen Gedanken gar nicht hinderlich waren. Das waren sie nur dann, wenn er sich mit ihnen vollständig identifizierte und ihnen seinen ganzen Glauben schenkte. Wenn er das AllEine, die Liebe, auch hinter und in diesen Gefühlen und Gedanken sah, konnte er sie das sein lassen, was sie sind. Nur Gedanken und Gefühle. Er nahm sie wahr, schmunzelte, während er gleichzeitig spürte, daß alles vollkommen ist. Es war nicht einmal ein Spüren. Würden wir ihn fragen, würde er vielleicht über eine eigenartige Stille und Gewißheit, aus der sein Handeln und seine Gedanken entstanden sind, sprechen.

Hans ist nicht mit religiösen oder spirituellen Gedanken und Glaubenssystemen vertraut. Er ist ein Pragmatiker. Ihn interessiert das überprüfbare Funktionieren und die Selbstverständlichkeit der Dinge. Vereinzelt begegnete er Menschen, die über spirituelle Themen sprachen. Seine Eltern waren mit der katholischen Kirche verbunden. Ihm erschien vieles aus der spirituellen und auch aus der religiösen Erklärungswelt zu abgehoben, nicht umfassend und lebenstauglich genug. Er hatte selten das Gefühl, durch diese Erklärungen etwas finden zu können, was für ihn wahr und ihm hilfreich sein konnte. Er spürte vielmehr, daß es in ihm manchmal eine Gewißheit gab, die so selbstverständlich war, daß er sie nicht einmal ausdrükken wollte. Es reichte, diese einfach nur zu leben, weil sie so selbstverständlich war. Würde er diese in spirituellen oder kirchlich - christlichen Worten ausdrücken, würde es für ihn unwahr und übertrieben wirken. Das war so selbstverständlich, daß Worte eine Schmälerung dessen und eine Unwirklichkeit erzeugt hätten. Soweit dachte er oft gar nicht. Er erkannte im Stillen.

Später erinnerte er sich immer mehr auch an das, was er durch die Kirche, durch die spirituell interessierten Freundinnen seiner Frau gehört und vereinzelt auch in Büchern gelesen hatte. Langsam konnte er immer mehr erkennen, daß das, was er erfuhr, die Selbstverständlichkeit des Seins ist.

Und dann, eines Tages, breitete sie sich vollständig in ihm aus. Sein Leben ging weiter. Niemand bemerkte eine Veränderung an ihm. Auf der äußeren menschlichen Ebene hatte sich fast nichts verändert. Doch dahinter erstrahlte die Selbstverständlichkeit des Seins. Er erkannte die Vollkommenheit jeder Situation, auch der Zweifel, der Gefühle und der menschlichen Unvollkommenheiten. Das Gewahrsein des All-Einen war geschehen. Keine Suche mehr nach der Erfüllung in der Zukunft und auch keine Veränderungen der äußeren Bedingungen, die mehr nötig waren. Nach wie vor lebte er das Leben des Informatikers, machte seine Arbeit, lebte mit seiner Frau und den Kindern. Nach wie vor erschienen Gefühle der Traurigkeit, Gedanken der Perfektion an sich und besonders auch an seinen Sohn. Doch da gab es niemanden mehr, der dem wirklich Glauben schenkte. Er lebte in einer tiefen inneren Freiheit, einem tiefen Frieden, auch wenn die Beziehung mit seiner Frau bis heute nicht einfacher geworden ist. Das spielte für ihn keine Rolle mehr. Er fand die Freiheit in all den Schwierigkeiten, in all den Freuden. Er fand die Freiheit in seinem Leben so, wie es ist. Was nicht heißt, daß er nicht Impulsen der Veränderung auch auf äußerer Ebene gefolgt ist. Das heißt auch nicht, daß nicht doch noch der Impuls geschehen könnte, als spiritueller Lehrer zu wirken. Doch in der Geschichte von Hans sieht es danach nicht aus.

Die Geschichte von Hans will dir verdeutlichen, daß deine Freiheit, das Bewußtsein des AllEinen, nicht von den äußeren Geschehnissen abhängig ist. Das heißt, weder deine Umstände müssen unverändert bleiben, noch muß sich alles verändern. Das wird so geschehen, wie es geschehen will. Es möchte betont sein, daß das Eine-Sein überall ist. Das kann sich auch darin äußern, daß du deinen Partner verläßt oder du trotz aller Schwierigkeiten bei ihm bleibst. Darum geht es nicht. Es geht um die Freiheit, die überall ist, zu jeder Zeit. Es geht um das Gewahrsein des Christus in allem, unabhängig von einer glücklichen oder unglücklichen Beziehung, einem esoterischen, religiösen oder atheistischen Glauben, unabhängig von der Geschichte deines Lebens. Das ist die Neue Zeit, das wahre Sein. Sie ist jetzt, immer wieder jetzt, und nur jetzt. Keine Bedingungen, die du zu erfüllen hast, kein Weg, der allein richtig ist, um das AllEine zu erkennen. Da ist nichts und niemand, der dich hindern könnte.

Wenn dir jemand von Bedingungen erzählt, daß du unbedingt diese oder jene Meditation machen mußt und kein Fleisch essen darfst und nur so und nicht anders erwachen kannst, glaube das nicht. Es mag für dich richtig sein, aber dein Erwachen ist niemals davon abhängig. Die Kraft des AllEinen ist in dir und in allem, was ist. Vertraue deinem Weg und der Weisheit des Lebens so, wie es ist. Dein Erwachen wird niemals von etwas abhängig sein, weder von einer Evakuierung durch Raumschiffe noch von Zeit und Raum, und auch nicht von Menschen, die dich daran hindern oder dich unterstützen können. Nie war die Zeit so gut wie jetzt, dies zu erkennen. Ob du es erkennst oder nicht, die Neue Zeit ist jetzt in dir und in allem, was ist. Das ICH BIN ist jetzt. Du bist frei, jetzt. Du bist jetzt das AllEine, das ICH BIN.

Indigo Kinder, die Kinder der Neuen Zeit

Informationen über die Indigokinder, die Kinder der Neuen Zeit, sind ja bereits zu euch durchgedrungen. Die Kinder der Neuen Zeit sind hauptsächlich in den letzten zehn bis fünfzehn Jahren geboren worden. Es sind Kinder, die bereits mit einem erweiterten Bewußtsein, mit einer großen Bewußtheit, auf die Erde kommen. Sie haben es manchmal schwer, sich in den bestehenden Strukturen, den überholten und einengenden Mustern vorangegangener Generationen zurechtzufinden, da sie noch an eine selbstverständliche Weisheit und Bewußtheit angebunden sind. Sie ordnen sich nicht sinnlos unter und lassen sich nicht einschränken, wobei sie Grenzen, die ihnen in Weisheit, Selbstverständlichkeit und Liebe gesetzt werden, sehr wohl akzeptieren können. Grenzen und Verstrickungen, die vorangegangene Generationen noch aus Angst und dem Bedürfnis nach Kontrolle gelebt haben, haben auf sie keine Wirkung, sie aber durchaus die Angst, die Kontrolle und die Unsicherheit, aus denen manche Systeme, Werte und Regeln entstanden sind. Sie ordnen sich nicht unter, weil sie zu bewußt sind, und schauen über diese Grenzen hinweg. Sie wandeln alte Strukturen, indem sie sie nicht anerkennen. Das muß nicht unbedingt in rebellischer Form seinen Ausdruck finden. Sie können diese Verstrickungen in einer selbstverständlichen Ruhe ignorieren und bleiben bei dem, was ihnen richtig und angemessen erscheint. So werden sie manchmal auch als stur und eigensinnig empfunden.

Eine gesunde, natürliche Autorität können sie jedoch sehr wohl anerkennen. Sie bringen eine gewisse Selbstverständlichkeit mit, die sie im Alltag leben. Sie leben Freiheit inmitten von Computern. Sie leben Freiheit inmitten der Neuerungen, derer sie sich einfach und selbstverständlich bedienen.

Sie lehnen die praktische irdische Welt der Dinge nicht ab. Vielmehr finden sie sich dort, wenn man sie in ihrer Art läßt, in einer spielerischen Leichtigkeit wieder. Sie sind Träger einer selbstverständlich gelebten Spiritualität. Sie sind Verkünder der Neuen Zeit.

Es gibt vieles, das ihr von ihnen lernen könnt. Doch es besteht keine Notwendigkeit, euch kleiner zu machen als sie. Sie erinnern euch an die Freiheit, an die Selbstverständlichkeit in jedem von euch. Sie erinnern euch daran, daß die Entwicklung der Welt nicht aufzuhalten ist. Sie bedienen sich der neuen, für sie jedoch vertrauten Kommunikations- und Ausdrucksformen, die sie nicht als eine Fehlentwicklung der Welt sehen. Sie finden sich darin zurecht, wenn man sie gewähren läßt.

Doch eins möchte ich deutlich machen: Die Kinder der Neuen Zeit sind nicht wirklich neu. Zu allen Zeiten hat es sie gegeben. So wurde u. a. auch in den sechziger und siebziger Jahren eine kleine Welle dieser Kinder geboren. Für sie war es noch schwieriger, sich in der Welt zurechtzufinden. Sie hatten wenig Orientierung. Es gab nur wenige von ihnen, und das kollektive Bewußtsein wie auch das Wissen über diese Kinder war noch nicht so vorangeschritten wie heute. Sie lebten, obwohl sie in derselben Welt wie alle anderen lebten, doch in einer anderen. Durch diese auffällige Unterschiedlichkeit und Andersartigkeit haben sie sehr an sich und ihren Wahrnehmungen gezweifelt. Diese mit einer starken Erinnerung und einer großen Bewußtheit inkarnierten Wesen sind einige derer, die heute bereits in vollem Bewußtsein wahre Freiheit erkannt haben und leben. Sie sind Boten, Helfer und Lehrer für die Ströme der Kinder der Neuen Zeit.

Doch möchte ich euch auch darauf hinweisen, daß jeder von euch ein Kind der Neuen Zeit ist. Jeder von euch trägt den göttlichen Funken in sich. Jeder von euch kann jetzt zu dem vollkommenen Christusbewußtsein erwachen. Jeder von euch kann das ICH BIN in dieser Zeit leben. Ich möchte wegführen von Besonderheiten. Ich möchte keine Unterteilung in Privilegierte und Nicht-Priviligierte, in weit und weniger weit entwikkelte Menschen vornehmen. Das kann zu Verirrungen und Verwirrungen führen und das "Ego" nähren. Denn in Wahrheit seid ihr alle nur das eine unendliche Bewußtsein. Denn in Wahrheit seid ihr alle Kinder des AllEinen.

Das AllEine erstrahlt in vielfältigen Formen. Es erstrahlt in seiner Vollkommenheit auch in der Unterschiedlichkeit menschlichen Ausdrucks.

Ich erzähle dir von den Geschehnissen und der Entwicklung der Menschheit nicht, damit du dich kleiner oder größer und auch nicht, damit du dich ausgeschlossen fühlst. Es geht mir darum, dich jetzt an das Bewußtsein des AllEinen zu erinnern. Da ist es nicht von Bedeutung, ob du ein Indigokind oder ein Vorreiter der Indigokinder bist. Das sind alles nur Bezeichnungen und Erklärungen für das, was geschieht. Es ist jedoch nicht von Bedeutung, um im Christusbewußtsein zu erwachen. Das sind nur Erklärungen und Verständnishilfen. Doch beinhalten diese auch ihre Grenzen und Mißverständnisse. Um sie zu beseitigen, spreche ich zu euch. Es gibt nichts, was euch fehlt, um im Gewahrsein des AllEinen zu erstrahlen. Es gibt keine Bedingungen zu erfüllen. Das Bewußtsein des ICH BIN ist von keiner Bedingung abhängig. Das Erstrahlen des AllEinen ist das, was du bist. Es ist in jedem Moment jedem Menschen möglich. Hinter all den Unterschiedlichkeiten der Menschen ist nur das AllEine.

Auch immer mehr "Erwachsene" erinnern sich jetzt wieder an ihr wahres Sein, und ganz selbstverständlich erstrahlt das ICH BIN-Bewußtsein. Es sind nicht nur die Kinder der

Neuen Zeit, die sich noch selbstverständlich an die Kraft des AllEinen, an ihren Ursprung erinnern.

Viele Menschen, egal welchen Alters, werden die Neue Zeit jetzt finden. Einige haben bereits das Erwachen in der Vollkommenheit des Seins vollzogen und leben ihren Alltag weiter. Sie sind Anhaltspunkte und Hilfe für die Menschen, denen das Erwachen in dem AllEinen-Bewußtsein bevorsteht. Jeder hilft jedem. Auch Menschen, die verstrickt und in der Dunkelheit gefangen zu sein scheinen, helfen beim Erwachen, beim Erstrahlen des ICH BIN. Es geht nicht darum, bereits Erwachte oder die Kinder der Neuen Zeit höher zu stellen. Es geht darum, in jedem und allem das Eine zu erkennen.

Auch die Menschen, die in Verstrickung und Dunkelheit gefangen zu sein scheinen, sind deine Lehrer. Gerade sie. Sie helfen dir, das AllEine selbst in der "Dunkelheit" zu erkennen. Sie helfen dir, das AllEine hinter deiner Menschlichkeit, der Dunkelheit, den Abhängigkeiten und Verwirrungen zu erkennen. – Sie sind nur ein Spiegel.

Nur auf der Ebene der Erscheinungen scheint es Unterschiedlichkeiten menschlicher Entwicklung zu geben. Doch genau wie als Jesus auf Erden möchte ich euch jetzt die Botschaft geben, daß nichts besser als etwas anderes ist. Strebe nicht scheinbar hoch entwickelten Menschen nach. Stelle sie nicht auf ein Podest, um dich selbst und die, die noch gefangen sind, zu verurteilen und abzuwerten. Es gibt eine Gleichheit in der Unterschiedlichkeit. Diese Gleichheit ist das AllEine, die Quelle allen Seins, die in jedem einzelnen Menschen enthalten ist. Sie ist überall. Sie kennt keine Trennung. Sie ist einfach nur das eine unendliche Sein.

Auf der menschlichen Ebene gibt es viele Unterschiedlichkeiten. Sie sind göttliche Vielfalt und unendlicher Reichtum. Diese Unterschiedlichkeiten gilt es nicht, gleich zu machen. Es gilt auch nicht, sie auf eine harmonische, homogene Masse zu reduzieren. Die Unterschiedlichkeiten sind vollkommene Göttlichkeit. Das Gewahrsein des AllEinen ist erst dann wirklich vollzogen, wenn das AllEine überall erkannt ist und nicht nur in elitären, lichtvollen Formen, sondern auch in all den menschlichen Gefühlen, Gedanken und Erscheinungen. Egal, wie wenig jemand entwickelt zu sein scheint, egal, wie sehr jemand in dem Vergessen, in der Illusion gefangen ist, - da ist keine Dunkelheit. Da ist nur das eine allumfassende Licht Gottes, der sich selbst im AllEinen auflöst.

Die Botschaft der Kinder der Neuen Zeit ist es, euch eine Selbstverständlichkeit des Seins zu zeigen. Viele von euch, die auf der Suche nach dem "Aufstieg", nach dem Erwachen, sind, suchen diese in Ablehnung und unter Ausschluß mancher Aspekte des Lebens, wie zum Beispiel Computer, Geld und Kommerz. Manche von euch versuchen, durch das Wissen um Lichtenergien sogenannte negative Einflüsse auszuschalten. Die Kinder der Neuen Zeit gehen oft selbstverständlich mit diesen um, und oft sieht es so aus, als würde das, was euch stört, weil ihr es für negativ haltet, für sie ganz neutral sein. Sie bewegen sich auch inmitten von elektromagnetischen Feldern in einer Selbstverständlichkeit. Für viele von ihnen sind die Dinge des Leben viel neutraler als für euch. Sie bedienen sich ihrer und fühlen sich nicht von dem gestört, von dem ihr euch gestört fühlt, weil sie zum Teil die Bewußtheit haben, daß die Vollkommenheit in ihnen nicht durch etwas gestört werden kann. Sie empfinden das, was ihr als Störung empfindet, nicht als solche und gehen daher oft neutraler damit um. Ihr Energiesystem ist bereits verändert.

Viele von ihnen sind zum Beispiel gar nicht mehr so anfällig für elektromagnetische Strahlungen. Viele von euch Älteren bringt dies aus dem Gleichgewicht, weil ihr noch nicht so in dem Bewußtsein verankert seid, daß das, was ihr seid, unzerstörbar ist und einem natürlichen Schutz unterliegt und nicht wirklich Schaden nehmen kann.

Das "Sichschützen" vor negativen Energien und Strahlungen, sie als gefährlich zu betrachten und Angst vor ihnen zu haben, ist sehr verbreitet. Es ist richtig, daß diese Strahlungen die Gesundheit angreifen können und dies auch geschehen ist. Doch je weiter die Zeit voranschreitet, desto weniger werden euch die Strahlungen anhaben können, denn euer Energiesystem stellt sich um. Je weniger ihr Angst habt und in dem Glauben gefangen seid, daß diese euch schädigen können, desto weniger Schaden nehmt ihr. Wenn euer Bewußtsein ansteigt, und hier spreche ich von einer Ebene, die weit über der liegt, die euch in der Regel bekannt ist, könnt ihr von Strahlungen, von "negativen" Einflüssen, nicht mehr in dem euch bekannten Maße gestört werden.

Als eure Körperstrukturen noch sehr verdichtet waren, habt ihr vieles, was ihr später durch eine Sensibilisierung als störend empfunden habt, nicht als solches wahrgenommen. Ihr ward der Schwingung der Verstrickungen und Abhängigkeiten angeglichen. Viele von euch befreiten sich Schritt für Schritt und entfalteten eine neue Sensibilität und Feinstofflichkeit. Plötzlich wurde vieles zu einer Störung für euer verfeinertes Energiefeld. Viele von euch konnten plötzlich Fleisch und Zigaretten, Lautstärke und Strahlungen, die verdichtete Energie verschiedener Menschen und Orte nicht mehr ertragen. Eine große Sensibilisierung wuchs und damit eine Irritierbarkeit durch gröbere Einflüsse, weil die selbstverständliche Verankerung der Feinstofflichkeit in der Materie noch nicht vorhanden war.

So erschien es vielen von euch notwendig, sich zu schützen. Manchmal fühltet ihr euch in dieser Sensibilität von groben Einflüssen bedroht. Daraus sind viele Geschichten entstanden, zum Beispiel auch die, sich vor negativen Einflüssen und Energien schützen zu müssen. Das war damals auch notwendig. Doch die Zeit ist gekommen, daß ihr selbstverständlich in dem Bewußtsein des AllEinen verankert seid, daß auch "negative" Einflüsse euren inneren Frieden nicht stören können. Es ist wichtig, nicht mehr zwischen „störend" und „nicht störend" zu unterscheiden, sondern euch vielmehr an die Kraft des AllEinen, die von nichts und niemandem gestört oder bedroht werden kann, zu erinnern. Es gilt, die Hysterie, die in vielen Kreisen entstanden ist, zu beenden. Viele von euch empfanden diese "negativen Energien" wie eine Bedrohung für ihr Leben, für ihren inneren Frieden und ihre spirituelle Entwicklung, weil die Stärke der Selbstverständlichkeit des Seins, die Gewißheit der Ewigkeit in ihnen nicht präsent war.

Damit verbunden war auch der Glaube, daß der innere Frieden, das spirituelle Erwachen von optimalen Umständen und "positiven" Energien abhängig ist. Das ist nicht die Wahrheit. Natürlich ist es richtig, daß, wenn dich Lärm stört, du an einen ruhigeren Ort gehst. Natürlich ist es richtig, wenn du lieber auf dem Land lebst und der göttliche Plan es vorsieht, du dies tust. Natürlich ist es richtig, wenn es für dich besser ist, kein Fleisch zu essen, das zu unterlassen oder dich auch vor elektromagnetischen Strahlungen zu schützen. Nur besteht bei einigen von euch eine zu große Abhängigkeit von perfekten Umständen, damit sie ihren inneren Frieden finden können. Das wird sich verändern. Die Entwicklung eurer Energiefelder ist die Anhebung auf eine Ebene, wo die Einflüsse, die euch in der Vergangenheit gestört haben, mehr und mehr ihre Wirkung verlieren.

Du kannst deine Angst gehen lassen. Du kannst Schutz und Vorsichtsmaßnahmen treffen, doch viel wichtiger ist es, aus deiner Angst vor störenden Einflüssen und negativen Energien herauszugehen und dich voller Vertrauen dem AllEinen Bewußtsein, der Selbstverständlichkeit des Seins, hinzugeben.

Ich möchte auf Mutter Theresa hinweisen. Sie war von vielen Menschen mit höchst ansteckenden, zum Tode führenden Krankheiten umgeben. Viele Menschen wollten diesen Kranken nicht begegnen, geschweige denn, sie berühren, aus Angst vor Krankheit und Tod. Ist es nicht beeindruckend, daß diese Frau mit diesen ansteckenden Krankheiten in Berührung kam und selbst über achtzig Jahre alt wurde?

Hier wird dieses Phänomen, von dem ich spreche, sichtbar. Mutter Theresa war von dem natürlichen Schutz des All-Einen umhüllt, durch sie strömte die Kraft des Seins mit und in allem, was ist. Sie war sich der Vollkommenheit des AllEinen auch in den Ausgesetzen, Vertriebenen und Kranken bewußt. Obwohl Mutter Theresa all den schwächenden Energien auf der menschlichen Ebene ausgesetzt war, war sie geschützt. Es war ein Siegel, eine Stärke, die sie durch das Bewußtsein des AllEinen umgab, das nicht von all den scheinbar lebensbedrohlichen Einflüssen berührt werden konnte. Doch das war nur der Weg Mutter Theresas.

Das heißt nicht, daß es für jeden Menschen richtig und gut ist, lebensbedrohlich erkrankte Menschen zu betreuen und daß es eine Garantie gibt, nicht selbst zu erkranken. Glaube nicht, daß dein Heil, dein Glück von guten oder schlechten, von störenden Einflüssen und Energien abhängig ist. Erstrahle in der Bewußtheit des AllEinen, um zu erkennen, daß weder Tod noch Geburt, Krankheit oder Gesundheit, negative oder positive Energien für das Erstrahlen des ICH BIN verantwortlich sind. Die Welt ist in sich neutral. Es ist alles nur das AllEine.

Wie dir die Welt erscheint, hängt nur davon ab, wie du sie bewertest.

Viele Kinder der Neuen Zeit finden sich besonders in der Computer und Medienwelt wieder, die vielen von euch abstrus und fremd erscheint. Es mag erstaunlich für euch sein zu sehen, wie selbstverständlich sie sich darin bewegen, ohne sich gestört zu fühlen, sondern vielmehr, wie sie sich diese zunutze machen. Viele von ihnen haben schon in ganz jungen Jahren Erfolg und wichtige Positionen inne. Sie sind sehr kreativ, mit neuen Ideen versehen. Sie bringen einige eurer einschränkenden Vorstellungen und Gedankenstrukturen nicht mehr mit und damit ins Wanken. Manche von ihnen sind und werden schon sehr früh auch finanziell sehr erfolgreich sein, durch eine für ihr Alter ungewöhnliche Selbstbewußtheit und Sicherheit. Sie mischen an manchen Stellen ganz vorne mit, weil sie die Selbstverständlichkeit des ICH BIN, die Selbstermächtigung, leben. Sie nehmen die Umstände wie sie sind, bewegen sich darin und haben für manche Beschränkungen kein Verständnis. Vieles, was sie aus der Freiheit des Seins tun, wird von euch kritisiert, weil es nicht in euer Konzept von der Welt paßt, und negativ beurteilt. Manche bedienen sich der neuen Technologien, ohne deren Sklaven zu sein.

Natürlich gibt es Kinder wie Erwachsene, die sich darin verstricken und zum Sklaven der neuen Technologien und ihrer Produkte werden. Von denen spreche ich nicht, wohlwissend, daß es diese auch gibt. Manche Kinder der Neuen Zeit leben ihre ICH BIN-Gegenwart so natürlich, daß sie bereits früh auf der materiellen Ebene da stehen, wo vorangehende Generationen erst mit vierzig oder fünfzig Jahren standen. Sie tragen eine gesunde Autorität in sich. Vieles, was ihr euch in ihrem Alter niemals zugetraut hättet, tun sie ganz selbstverständlich. Indem einige von ihnen die Macht des ICH BIN leben, sind sie selbstermächtigt. Letztendlich seid ihr aber alle Kinder der Neuen Zeit.

Es ist die Zeit, für euch das ICH BIN zu leben, die Vollkommenheit dessen, was ihr seid, zu erkennen. Das ist so kraftvoll, daß es nicht von negativen Energien und Einflüssen begrenzt oder behindert werden könnte. Das ist so allumfassend, daß sich jede Angst darin auflöst. Es ist stärker, kraftvoller, als alles, was ist. Wisset, die Angst vor negativen Einflüssen, ob ihr sie Energien, Menschen, Orten oder Strahlungen zuordnet, kann dem ICH BIN nichts anhaben.

Weiterhin ist es sicher richtig, daß ihr euch auch vor Strahlungen oder Dingen, die dem Körper nicht zuträglich sind, schützt. Wichtiger ist jedoch, euer Bewußtsein und somit auch euer Energiefeld von dem Gewahrsein der Ewigkeit durchdringen zu lassen. Dann bekommt euer Energiefeld nach der vorangegangenen Zeit großer Irritierbarkeit und Anfälligkeit jetzt eine neue Stärke und Kraft. Vieles, was vorher als störend, hinderlich und schwächend empfunden wurde, wird abprallen, weil die Schwingung eures Energiesystems so ansteigt, daß es davon kaum berührt werden kann.

Jetzt ist die Zeit der Erkenntnis der Unzerstörbarkeit eures Selbst. Auch die Angst vor Krankheit und Tod kann das Ewige nicht beeindrucken. Das weiß um die Vergänglichkeit des Körpers und der Gedanken und ist sich der Unvergänglichkeit des Göttlichen gewahr.

Was heißt das in deinem Leben? Schau einmal, ob dir das, was du in deinem Leben als "Negativeinflüsse" empfindest, wirklich etwas anhaben kann? Ist es nicht vielmehr nur die verständliche Angst deines kleinen Selbst und deiner Identifizierungen, verletzt und zerstört zu werden? Deine Angst ist auch geliebt. Auch sie ist ein Ausdruck des AllEinen. Dennoch ist die Zeit vorbei, deinen Ängsten, den Gefühlen und

Gedanken deinen absoluten Glauben zu schenken. Finde in der Situation, die du als störend empfindest, das, was stärker und größer ist. Erkenne die Vollkommenheit dieses Moments und die Unabhängigkeit, die Freiheit des wahren Seins. Damit meine ich nicht, daß du dich störenden Faktoren aussetzen und sie hinnehmen mußt. Ich meine nicht, daß du nicht mehr Nein sagen und nicht mehr gehen kannst, wenn dich etwas stört. Ich erzähle dies nur, um den Wahnsinn zu beenden, dich von positiven Energien abhängig zu machen und Störungen überzubewerten.

So gibt es auch von dir als negativ empfundene Situationen und Einflüsse, denen du nicht entfliehen kannst. Wenn du dich in einer solchen Situation befindest, erinnere dich an die Vollkommenheit und die Unabhängigkeit des inneren Friedens von all den äußeren Geschehnissen. Vielleicht hast du schon erkannt, daß dieselbe störende Situation sich in Frieden verwandelt, wenn sie im Bewußtsein der Liebe betrachtet wird.

Manchmal können dich die Kinder der Neuen Zeit, wenn du bereit bist, dein Herz und deine Augen zu öffnen und deine Vorstellungen zur Seite zu stellen, die Selbstverständlichkeit des Seins erkennen lassen. Doch genauso sind dir die Menschen eine große Hilfe, die noch so weit entfernt von dem Gewahrsein des ICH BIN, des SoSein, zu sein scheinen. Sie helfen dir immer wieder, das AllEine auch in der "Dunkelheit" zu erkennen. Durch sie kannst du genauso lernen und dich erkennen, wie in den Kindern der Neuen Zeit. Letztendlich gibt es weder Menschen der neuen, noch der alten Zeit, und auch keine Menschen, die in der Dunkelheit gefangen sind oder im Licht leben. Da ist nur das AllEine in verschiedenen Ausdrucksformen. Eure Energiesysteme verändern sich so, daß es keinen Grund gibt, Angst vor den Geschehnissen der Welt zu haben. Habe Vertrauen in die Kraft, in die Vollkommenheit des AllEinen, so wie das Leben ist, in jedem Moment. Ob du ein Kind der Neuen Zeit bist oder nicht, - das ist nicht von Bedeutung. Die Vollkommenheit des AllEinen ist zu jeder Zeit in deinem alltäglichen Leben. Nichts, was dazu erfüllt oder nicht erfüllt werden müßte. Jetzt ist das Bewußtsein des AllEinen. Amen.

Krankheiten

Ich möchte noch einmal auf Krankheiten und auf Mutter Theresa zu sprechen kommen, die, obwohl sie von verschiedenen ansteckenden Krankheiten umgeben war, über achtzig Jahre alt wurde. Ich habe euch das mit dem Bewußtsein, mit der Kraft des AllEinen erklärt, die wie ein Schutz, wie eine unzerstörbare Kraft wirkt. Bevor jedoch Irrtümer aufkommen, möchte ich euch darauf hinweisen, daß, wenn jemand erkrankt, das kein Zeichen ist, daß es an dem Gewahrsein des AllEinen mangeln muß. Eine inzwischen weit verbreitete Sichtweise ist, daß Krankheiten ein Spiegel eurer Denk - und Gefühlsmuster sind, die nicht im Gleichgewicht sind. Doch auch Krankheiten sind in sich vollkommen. Auch Krankheiten sind Ausdruck des AllEinen. Krankheiten sind ein Spiegel. Sie geben dir Botschaften. Dennoch ist es kein Zeichen dafür, daß du noch nicht gut oder nicht lichtvoll genug bist. Auch hinter Krankheiten ist die Vollkommenheit. Mit dem Gewahrsein des ICH BIN geht nicht einher, daß es keine schwierigen Situationen oder keine Krankheiten mehr in deinem Leben gibt. Auch im Gewahrsein der Ewigkeit ist der Körper noch menschlichen Gesetzen unterworfen. Es geht darum, die Unsterblichkeit des Einen in allem, auch hinter der Vergänglichkeit, zu erkennen und nicht die Vergänglichkeit des menschlichen Lebens unter Kontrolle zu bringen. Das AllEine ist auch in Krankheit und in Schmerz. So ist es wichtig, dich und andere nicht für Krankheit und Schmerz zu verurteilen. Vielmehr können dir Krankheiten und körperliche Einschränkungen auch die Möglichkeit geben, das Unvergängliche dahinter zu erkennen. Es gibt Krankheit und Tod. Das ist nicht falsch. Es gilt nicht, gegen all das zu kämpfen, nur um deinen idealistischen perfektionistischen Erwartungen und Vorstellungen von dir und dem Leben gerecht zu werden. Laß das sein, was ist, so wie es ist. Sei ein stiller Beobachter. Sei das ICH BIN in dieser Welt, die du jetzt durch die Augen der Vollkommenheit des AllEinen siehst.

Erkenne, daß du nicht dieser Körper bist, der krank ist und eines Tages sterben wird.

Dem Wunsch, den menschlichen Körper ewig und unsterblich machen zu wollen, liegt sehr viel Angst zu Grunde. Da ist die Angst vor dem Tod und davor, dich in die Ewigkeit des AllEinen jenseits von Tod und Geburt, jenseits von Krankheit und Schmerz fallen zu lassen und dich deinem menschlichen Leben voller Vertrauen hinzugeben. Es ist der Wunsch des Egos, der der menschlichen Vergänglichkeit Ewigkeit einflößen will, um die Angst vor dem Verlust von Kontrolle, vor dem Tod und vor Vergänglichkeit zu verdrängen. Das erzeugt Schmerz, denn es liegt nicht in der menschlichen Macht. Es ist die Zeit, die Ewigkeit überall inmitten und hinter der Vergänglichkeit zu finden. Vergänglichkeit existiert auf der Ebene der Zeit. Vergänglichkeit bedeutet Vergangenheit, Gegenwart und Zukunft. Das ist die Ebene der Dualität. Da läßt sich die Ewigkeit nicht finden. Das läßt sich nicht beeinflussen. Das ist die Ebene des Körpers, geboren werden und sterben. Diese Geschehnisse werden Menschen nicht wirklich beeinflussen können. Das, was jedoch geschehen kann, ist, daß dein Bewußtsein sich hinter die Erscheinungen von Zeit, von Vergänglichkeit und von Geburt und Tod eines Körpers begibt. Dann kannst du dich in der Ewigkeit auflösen, in der Vollkommenheit dessen, was ist. Niemals, indem du die menschliche Ebene zu manipulieren versuchst. Wenn du das versuchst, gibt es Schmerz und Kampf. Auf dieser Ebene kannst du die Freiheit des Seins nicht finden.

Die Freiheit findest du, indem du dich hinter deiner scheinbaren Person, hinter deinem Körper, hinter Krankheit und Schmerz, aber auch hinter Glück und Freude in dem Bewußtsein des AllEinen erkennst. Dann sind die Geschehnisse nicht mehr so von Bedeutung, und schon gar nicht müssen sie anders sein, damit du in Frieden und Freiheit bist. Durch Geburt und Tod, durch Krankheit und Gesundheit, durch Glück und Schmerz, durch alle menschliche Erscheinungen kannst du hindurchgehen, indem du daran nicht festhältst. Wenn du durch diese Schichten, diese Ebenen gehst, indem du nicht glaubst, dein Körper, deine Gedanken und Gefühle, eine Krankheit oder ein Schmerz zu sein, erkennst du dich in der Ewigkeit. Du erkennst, daß die Ewigkeit nicht abhängig ist von einem gesunden oder kranken, einem alternden oder nicht alternden Körper, von Angst und Schmerz, Freude oder Glück. Du siehst nur die Vollkommenheit in der Menschlichkeit.

Das Leben ist zu jeder Zeit mit all den menschlichen Verirrungen und Verwirrungen vollkommen. Jeder Moment ist vollkommen. Glaubt ihr Gott zu sein und zu wissen, wie die Welt auszusehen hat? Es ist mangelndes Vertrauen in die Vollkommenheit Gottes zu glauben, daß du und die Welt anders sein müßten. Laß dich vertrauensvoll in die Arme des AllEinen fallen. Vertraue, daß das vollkommene Bewußtsein des AllEinen nichts anderes als Vollkommenheit zuläßt. Laß dich fallen in die Arme des AllEinen, das dein höchstes Wohl und das aller im Auge hat, auch wenn du es nicht erkennen kannst. Du hast es immer wieder erfahren, - der menschliche Blickwinkel ist beschränkt. Das ist Teil des Plans. Du brauchst dich nicht anstrengen, um alles zu wissen und alle Zusammenhänge zu kennen. Das ist nicht möglich und nicht notwendig. Es zählt dein Vertrauen, die Hingabe an das, was ist. Wenn du glaubst, daß du oder etwas anderes anders sein sollte, sei demütig und dir bewußt, daß dein Blickwinkel in diesem Moment nur die Vollkommenheit nicht erkennen kann. Das heißt nicht, daß die Vollkommenheit nicht bereits ist. Wenn du sie nicht siehst und nicht erkennen kannst, dann vertraue, daß zu jeder Zeit alles in höchster göttlicher Ordnung ist.

Ihr Menschen wollt begreifen, daß das, mit dem ihr euch identifiziert, die Gedanken, Gefühle und Vorstellungen wirklich nur begrenzt sind. Auch in den kleinsten Kleinigkeiten deines Lebens kannst du das erkennen. Zum Beispiel, wenn du glaubst, daß du nicht gut genug bist und alles nicht richtig machst, dann ist das ein Zeichen für einen beschränkten Blickwinkel und eine Identifizierung. Denn alles, was ist und geschieht, ist vollkommener göttlicher Ausdruck. Immer wenn etwas anders sein sollte, damit es dir besser geht, kannst du dir sicher sein, daß es nur deine begrenzte Vorstellung ist. Du hast die Möglichkeit, still zu sein und um deine Begrenzung zu wissen, um dann dem deine Aufmerksamkeit zu schenken, was in jedem Moment vollkommen ist. Gib dich dem, was in jedem Moment ist, hin. Es ist Sein in jedem Moment, so wie es ist. Da hört die Zeit auf. Vergangenheit und Zukunft sind eins, jetzt, in diesem Moment, in der Vollkommenheit des ICH BIN.

Die Kraft des ICH BIN

Ich möchte euch über das ICH BIN erzählen, über das, was du in Wahrheit bist. Es ist Sein in diesem Moment, ohne Vergangenheit und ohne Zukunft. Es ist Sein, ohne ein Wissen von Falsch und Richtig. Es ist Sein, ohne Bewertung, ohne das Anhaften an einen Gedanken oder die Vorstellung, daß etwas auf eine bestimmte Art sein müßte. Es ist Sein und Erstrahlen in diesem Moment, so wie du bist. Mit dem einhergeht unendliche, bedingungslose Liebe.

Um das ICH BIN, das Christusbewußtsein, erstrahlen zu lassen und um dessen, was du in Wahrheit bist, gewahr zu sein, ist es wichtig, alle Aspekte des Lebens in der Tiefe als vollkommen zu erkennen und zu lieben. Es ist kein aktives Lieben, das in Beziehung zu etwas steht. Das, von dem ich hier spreche, ist ein liebevolles Annehmen in der Selbstverständlichkeit des Seins. Das ICH BIN ist nicht auf etwas bezogen und von etwas abhängig. Es ist Sein in Liebe mit allem, was ist. Das, was euch oft hindert, die Selbstverständlichkeit des Seins zu leben, ist das Ablehnen und Abwerten verschiedener Aspekte des Seins. Das, was du für falsch hältst, wird verurteilt und unterdrückt. Das, was du für gut hältst, wird forciert, festgehalten und ersehnt. Es existiert eine Vorstellung davon, was sein darf und was nicht sein darf. So kann das, was in jedem Moment durch dich erstrahlen will, nicht frei und ungehindert in Frieden geschehen. Es wird geformt, verändert, unterdrückt und auf alle erdenkliche Art und Weise manipuliert. Das, was du für gut hältst, willst du festhalten und verlängern, um es auch in die Zukunft zu transportieren. Es gibt die Angst, daß du das, was du für gut hältst, verlieren könntest, oder das Gute, das du dir ersehnst, nicht bekommst. Dann gibt es die Angst, daß das, was du als schlecht bewertest, nicht schnellstens beendet ist. Das, wovor du Angst hast, was du für schlecht hältst, muß unterdrückt und verdammt werden. Kannst du verstehen, daß du damit verhinderst, das ICH BIN in seiner Natürlichkeit zu leben? Das ist die Identifizierung mit einem inneren Richter und Besserwisser, der weiß, welche Gefühle und Gedanken richtig sind, und welche falsch. Der innere Richter glaubt zu wissen, was sein und was nicht sein darf. Wenn du diesen Gedanken und Vorstellungen anhaftest, dann verschleierst du das, was wirklich in dem Moment ist, und kämpfst dagegen an.

Nichts ist gegen Gedanken des Urteils einzuwenden. Willkommen! Die Gedanken kommen und gehen. Sie sind in der menschlichen Information enthalten. Auch diese Gedanken können das ICH BIN nicht verhindern, unterbrechen oder zerstören, wenn du sie sein läßt, ihnen aber nicht deinen Glauben und deine Identifizierung gibst. Welche Gefühle sind falsch oder richtig? Welche Gedanken sind falsch oder richtig? Was darf sein, was nicht? Frage dich das.

Um es ganz deutlich zu sagen: Du legst dich mit der göttlichen Schöpfung an, wenn du besser zu wissen glaubst, was sein und was nicht sein darf, was göttlich und was nicht göttlich ist. Begreife in der Tiefe deines Selbst deine Gedanken und Gefühle. Deine Identifizierung mit einem scheinbaren "Ego" ist zu klein, um die Vollkommenheit des ICH BIN erkennen und erfassen zu können. Begreife, die Identifizierung mit Gedanken, Gefühlen und mit deinem Körper ist nur ein winziger Ausschnitt, der sich für Gott und alles hält.

Natürlich sind diese Gedanken auch Ausdruck des AllEinen. Doch du bist nicht diese Gedanken oder eine Person, die Gedanken und Gefühle hat. Sie erscheinen, und sie gehen. Du bist, wie alles, nur die Unendlichkeit, das Nichts. Ein einzelner Aspekt, der glaubt, die Quelle in Abgrenzung zu allem anderen zu sein und alles wissen, beurteilen und erfassen zu können, ist nicht die allumfassende Liebe des AllEinen. Um die Kraft des ICH BIN erstrahlen zu lassen, ist es notwendig, in der Tiefe deines Selbst zu erkennen, daß alles, was ist, vollkommen und göttlich ist. Dem gilt es dich hinzugeben, auch wenn es Stimmen gibt, die dir etwas von göttlich und von nicht-göttlich erzählen. Diese Gedanken und Gefühle müssen nicht ausgemerzt werden. Wenn du ihnen nicht deinen Glauben schenkst, haben sie keine Kraft und Macht.

So ist es wichtig zu erkennen, welchen Gedanken der Trennung in Göttlich und Nicht-göttlich, in Gut und Böse, Richtig und Falsch du deinen Glauben schenkst. Was darf in dir sein, und was nicht? Was kannst du lieben, und was nicht? Hier geht es um unendliche Liebe. Hier geht es um die Liebe, die alles, was ist, in einer Selbstverständlichkeit sein läßt, so wie es ist. Eine Liebe, die die Vollkommenheit in allem erkennt.

Ich sprach bereits darüber, wie wichtig es ist, mit dem, was du als "deine Niederungen" und die der Menschheit ansiehst, in unendlicher Liebe zu sein. Besonders mit dem Schatten gilt es in Liebe zu sein. Schau dir all das an, was du nicht magst und was du ablehnst. Das sind Geschenke. Durch das, was du ablehnst, wogegen du kämpfst und was du nicht geschehen lassen willst, verschleierst du die Gegenwart des ICH BIN. Weil du glaubst, daß etwas nicht sein darf, manipulierst du das, was ist. Du glaubst zu wissen, was in diesem Moment sein und was nicht sein darf. So verlierst du in dem Moment die Gegenwart dessen, was ist. Du verlierst dich in der Manipulation dessen, was du nicht haben, nicht sehen und dessen, was du festhalten möchtest. Das ist ein zentraler wichtiger Mechanismus, den es zu durchschauen gilt. Es geschieht dann das scheinbare Verlieren des Bewußtseins der Vollkommenheit. Das Festhalten an etwas, was du für gut erachtest, und das Unterdrücken von etwas, was du für schlecht erachtest, ist Manipulation, Einflußnahme auf das, was ist, als stünde es in deiner Macht, das Leben zu formen und zu wissen, was richtig oder falsch, göttlich oder nicht göttlich ist. Es ist der Richter und Besserwisser, der in diesen Momenten regiert, der glaubt, über Leben und Tod, über das, was Liebe und was Nicht-Liebe ist, was sein und was nicht sein darf, urteilen und Einfluß nehmen zu können. Nichts ist falsch daran. Der Richter in dir tut seinen Job. Nur wenn du ihm deinen Glauben, deine Identifizierung schenkst, verläßt du die Bewußtheit des ICH BIN. Die Selbstverständlichkeit des Seins scheint dir plötzlich nicht mehr zugänglich zu sein. Doch die Leichtigkeit des Seins, die Selbstverständlichkeit des ICH BIN, ist immer. Es bedarf keiner Anstrengung, - du lebst und bist nur das, was du bist.

Durch das Nicht-lieben-können verschiedener Aspekte deines Selbst und des Lebens entsteht ein Kampf. Dieser Kampf ist sinnlos und erschöpft dich. Du versuchst gegen das anzukämpfen, was du bist. Du kämpfst gegen die Vollkommenheit des Seins. Wer bist du zu wissen, daß nicht alles, was im Leben erscheint, vollkommen und göttlich ist? Wer bist du, über das, was ist, zu urteilen? Wer bist du?

Das frage ich dich jetzt! Bist du das Urteil? Bist du die Gedanken von Gut und Böse, von dem, was sein und was nicht sein darf? Bist du der, der all dies lenken kann? Bist du getrennt von dem, was geschieht? Oder bist du vielleicht wie alles die Quelle, die Unendlichkeit selbst? Wo gibt es dann noch eine Trennung? Es ist alles nur das Eine Sein. Jedes Gefühl, jeder Gedanke, alles, was erscheint, ist Ausdruck des All-Einen. Woher willst du wissen, daß etwas falsch und kein vollkommener Ausdruck des AllEinen ist?

Ihr Menschen werdet noch einige Zeit über die Gedankenmuster und Gefühle von Besser und Schlechter, von Göttlich und Nicht-göttlich verfügen. Doch sie werden euch immer weniger beeinflussen können und ihre Macht verlieren. Ihr werdet die menschlichen Gedanken und Gefühle betrachten können, ohne an ihnen zu haften. Mehr und mehr wird sich die Gewißheit ausbreiten, daß alles das AllEine ist. Die Vollkommenheit eines jeden Moments wird immer mehr eure Realität werden und sich in eurem Bewußtsein verankern. Das ist wundervoll. So sei es. So geschieht es. Das Bewußtsein des Einen Christus ist nichts Neues, was du dir jetzt erarbeiten könntest und müßtest. Es ist nur das, was du bereits bist, immer warst und was du niemals verlieren kannst.

Es erscheint dir nur, als hättest du es verloren. Doch das ist nicht wahr. Das ist eine Illusion. Es ist eine Verschleierung der Wahrheit. Der Glaube, daß du das AllEine verlassen oder verloren haben könntest, ist der Apfel der Versuchung. Es ist der Fall aus dem "Paradies", aus der Selbstverständlichkeit des Seins. Denn aus dem AllEinen, das alle Erscheinungen beinhaltet, schien plötzlich etwas Zweites, etwas Getrenntes zu entstehen. Ein Zweites, etwas Getrenntes von dem AllEinen, existiert nicht. Es ist aber der Glaube an die Realität von Dualität, an eins und etwas anderes, das Leid und den Schmerz der Trennung verursacht. Der Glaube an Trennung ist Illusion. Eine Illusion, durch die viel Leid erzeugt wird. Doch gibt es immer nur das AllEine. Auf der Ebene des menschlichen Lebens gibt es die Vielfalt des Ausdrucks, eine Vielfalt des Seins. Es gibt Unterschiedlichkeit, vollkommene strahlende Vielfalt. Doch das heißt nicht, daß es in Wahrheit etwas Zweites gibt. Es bleibt hinter allen Erscheinungen nur das AllEine. Es gibt nur "Gott". Es gibt nur die Vollkommenheit. Es gibt nichts anderes als das. Auch wenn es Himmel und Hölle, Gut und Böse, Falsch und Richtig zu geben scheint, sind das nur Erscheinungen auf der Ebene der Dualität. Es gibt keinen menschlichen Ausdruck, der nicht von "Gott" ist. Es ist ein Irrglaube, daß es etwas anderes, etwas außerhalb des AllEinen gibt. Jede menschliche Erscheinung ist Ausdruck des AllEinen.

Ich betone das immer wieder, damit es in dein Zellgedächtnis, in die Information deines Körpers, deine Schwingung eintritt, und sende jetzt hier die Kraft des ICH BIN. Ich aktiviere und vertiefe deine Erinnerung an die Vollkommenheit, an das, was du bist. Es ist der Transport deiner Aufmerksamkeit und deiner Energie in die Kraft des Jetzt, in die Kraft des ICH BIN. Um im ICH BIN zu erstrahlen, ist es wichtig wahrzunehmen, wo du das, was ist, manipulierst.

Einige eurer Manipulationen, die die Kraft des ICH BIN verschleiern, liegen in falsch verstandenen Vorstellungen von Spiritualität, von "Gott" und von Heiligkeit. Besonders Menschen auf der Suche, Menschen mit einem Glauben, haben das Bestreben, gut zu sein. Wahrscheinlich kennst du dieses Bestreben gut. Wenn nicht, um so besser. In der Vergangenheit wurde über Jahrhunderte, Jahrtausende im Namen des Glaubens auch durch die ehrliche Suche nach dem "Guten" manipuliert und der Glaube an Gut und Böse praktiziert. Es war das Spiel, das gespielt werden mußte. Ich erwähne das hier nicht, um Menschen zu verurteilen oder zu sagen, daß das nicht richtig war. Das wäre die Ebene menschlichen Denkens. Auch wenn ich mich kritisch äußere, ist da unendliche Liebe, auch für die Verirrungen und Verwirrungen von Glaubenskriegen und Glaubensmißbrauch. Auch das war immer nur Ausdruck der Liebe, auch wenn die Liebe nicht sichtbar war, sondern von Brutalität, Fanatismus und Machtmißbrauch überdeckt. Auch diese Zeiten waren vollkommen, obwohl sie so viel Schmerz und Leid gebracht haben.

Es geht nicht um Schuldzuweisungen. Es gibt in einigen sehr viel aufgestaute Wut wegen des Mißbrauchs der Kirchen unter dem Deckmantel der propagierten Liebe Gottes. Darum betonte ich, daß auch diese Geschehnisse vollkommen und Ausdruck des AllEinen waren. Da gibt es niemanden, der Schuld hat. Das ist menschliche Entwicklung, menschliches Lernen und menschliche Unwissenheit. Warum über das, was war, schimpfen, anstatt es das sein zu lassen, was es ist, und in dem Frieden des ICH BIN jetzt zu erstrahlen?

Erinnert euch an meine Worte: Vater vergib ihnen, denn sie wissen nicht, was sie tun. Das, was geschah, geschah. Es ist Unwissenheit und das fehlende Gewahrsein des Christus in allem.

Das kennst du selbst. Aus dieser Unwissenheit geschah und geschieht Leid. Sie wollten und konnten das AllEine nicht erkennen. Sie taten, was sie tun mußten. Ein vollkommener Plan. Es ist wirklich nur Liebe, die Erkenntnis bringt, die der Unwissenheit und dem Leiden ein Ende setzt, - tiefes Mitgefühl für die Beschränkungen menschlicher Identifizierungen, Mitgefühl für das Leid, das durch den Glauben an Trennung entstanden ist.

Viele von euch suchen nach dem Licht des AllEinen. Auch durch die Kirchen geprägt, lebt in vielen von euch die Vorstellung, ein guter Mensch sein zu müssen, immer sanft, niemals wütend, nicht reich, niemals zurückweisend, in Askese zu leben und dem menschlichen Leben und auch der Sexualität zu entsagen. Das ist der Schwur eines Priesters, eines Mönches oder einer Nonne. In einigen von euch wirkt ein Schwur aus alter Zeit. Es ist unbewußt verbreitet, daß es nur möglich ist, Gott in seiner Vollkommenheit zu finden, wenn ihr dem Weltlichen entsagt und ein Leben als Nonne oder Mönch wählt. Das ist vor allen Dingen in der Vergangenheit propagiert worden, um die Macht der Kirchen auszubauen, indem die "normalen" Menschen als sündiger und weiter von Gott entfernt angesehen wurden als Priester, Mönche und Nonnen. Einige von euch hatten auch Inkarnationen, in denen sie, um Gott zu finden, diese Formen wählten, zum Teil wurden sie aber auch dazu gezwungen. Einige haben sich von Religionen und der Kirche distanziert und sie abgelehnt. Dennoch gibt es in der menschlichen Genetik die Information, daß es Gott und Nicht-Gott, Heilig und Nicht-heilig gibt, daß der Mensch sich bessern muß, um Gottes Liebe würdig zu sein.

Dieser Kode soll durch diese Worte erlöst werden:

"Gott", das AllEine ist überall,
auch in den "Niederungen" menschlichen Lebens.
Die vollkommene Göttlichkeit ist nicht nur in Askese und
in einem Leben als Priester, Nonne oder Mönch zu finden. Sie
ist überall.
ICH BIN jetzt frei von jeglichem Schwur und bereit,
das Göttliche überall zu finden.
Die Illusion der Trennung in Göttlich und Nicht-göttlich
löst sich auf.
Ich sehe fortan nur Liebe und bin so, wie ich bin,
geliebt und frei.
ICH BIN frei von allen Bedingungen
und bin der Liebe Gottes würdig.

ICH BIN Liebe.

Viele glauben, daß sie sich, um das ICH BIN zu leben, aus den „Niederungen“ menschlicher Dinge erheben müssen. Das ist nicht der Fall. Es geschieht zwar eine Erhebung aus dem menschlichen, identifizierten, dualen Bewußtsein. Jedoch nur in der Form, daß du dich in dem unendlichen Bewußtsein nicht für diese menschliche Erscheinung hältst.

Auf der anderen Seite geht es darum, die Macht des All-Einen in deinem Leben auf Erden zu leben und zu erkennen. Das führt dich nicht aus dem Körper, von den Gedanken, Gefühlen und Menschlichkeiten weg, sondern mitten in sie hinein, um dort in dem vollkommenen Licht des AllEinen zu erstrahlen. Es geht nicht um ein elitäres Erhabensein über die Menschlichkeiten. Auch wenn du dich für Mönchstum und Askese, wenn das dein Weg sein sollte, entscheidest, geht es um die Liebe zur Erde, zu all den Menschen, zu ihren Menschlichkeiten, auch wenn sie sich nicht für Askese und Mönchstum entschieden haben. Sonst ist auch die Gefahr gegeben, daß du dich erhebst und eine Trennung in Göttlich und Nicht-göttlich vornimmst, weil du dich als Mönch scheinbar aus den “Niederungen” des Menschenseins erhoben hast. Da bist du auch als Priester nur in der Falle des “Egos” gefangen.

Egal, welchen Weg du gehst, den der Askese oder den eines modernen Lebens - er führt dich in das, was ist, in die Welt hinein. Er führt dich dahin, zu erkennen, daß alles Ausdruck des AllEinen ist. Ob du Mönch, spiritueller Lehrer, Hausfrau oder Kind bist, ist nicht von Bedeutung. Wirklich von Bedeutung ist es, die Liebe im Leben überall zu finden, die Vollkommenheit Gottes in allem zu erkennen. Einige von euch, die auf dem spirituellen Weg sind, haben die Tendenz, den Körper und das DaSein auf der Erde mit all den Menschlichkeiten abzuwerten. Gerade ich, in meinem damaligen Ausdruck als Jesus, war dem Leben zugewandt, erkannte in der bunten Vielfalt des menschlichen Lebens immer nur Gott.

Auch durch Begriffe wie „Aufstieg“ oder „Erhebung des Bewußtseins“ sind viele Mißverständnisse entstanden. Mißverständnisse, derer sich das Ego bedient hat, um der Angst vor einem Machtverlust nicht in die Augen schauen zu müssen. Das Wort „Aufstieg“ hat in einigen Menschen impliziert, sich nach oben, von dem menschlichen Leben weg entwickeln und über die Menschlichkeiten erhaben sein zu müssen. Das ist ein großer Irrtum. Der Aufstieg hat nur damit zu tun, daß du das, was du in Wahrheit bist, erkennst, dich in der Quelle allen Seins wiederfindest und dich in ihr auflöst. In diesem Bewußtsein erkennst du, daß du nicht dein Körper, deine Gefühle oder deine Gedanken bist, sondern nur das Eine Bewußtsein in allem. Das ist auf der energetischen Ebene gesehen eine höher schwingende Frequenz, eine Dimension, die über der Dimension der Gedanken, Gefühle und der menschlichen Verstrickungen liegt. Es ist der Austritt aus der Dualität. Es ist jenseits der Pole und vereint diese. In dem Bewußtsein des All-Einen haben menschliche Gedanken und Gefühle nicht mehr die Macht, die sie noch haben, wenn du mit ihnen identifiziert bist. Deine Bewußtheit erhebt sich aus der Dualität, weil du das, was dahinter liegt, erkennst und deine menschlichen Identifizierungen aufgibst. So verläßt du durch die Anhebung des Bewußtseins die Dualität. Doch während du sie verläßt und dich als eine "identifizierte Person" in dem AllEinen auflöst, lebst du inmitten der Dualität. Du lebst das alltägliche Leben.

Es gibt nichts, was diesen Frieden, das Bewußtsein des ICH BIN, stören könnte. In dieser absoluten Gewißheit kann nichts, - kein Gefühl, kein Gedanke, keine Situation und kein Mensch -, eine wirkliche Bedrohung sein. Nichts, das es zu bekämpfen, das es zu forcieren oder zu unterdrücken gilt. So, wie es ist, ist es willkommen. So, wie es ist, darf es sein. Das Gewahrsein des ICH BIN ist so kraftvoll, unendlich, ewig und unzerstörbar, daß du gelassen in und mit diesen Menschlichkeiten sein kannst. Selbst in den schwierigsten Umständen siehst du nur das eine, unendliche Bewußtsein. Du siehst, wie vollkommen die Menschlichkeiten sind. Um im Gewahrsein des AllEinen zu erstrahlen, kannst du dich nicht aus den Menschlichkeiten erheben, weil du sie als Hindernis ansiehst, die nicht sein dürfen.

Das ICH BIN, von dem ich erzähle, ist sehr einfach. Es führt in und durch dein Leben. Es führt in und durch die Geschehnisse des Lebens hindurch, indem du die Angst zuläßt, indem du auch dem Ausgestoßenen, dem Zornigen, dem Kranken, dem Verzweifelten, dem Ausgestoßenem, dem Verräter in dir voller Liebe in die Augen schaust. Damit ist nicht der Gedanke oder eine Bemühung gemeint, etwas lieben zu müssen. Es geht wirklich nicht um die Anstrengung, etwas lieben und annehmen zu müssen. Das wurde auch durch die Kirchen praktiziert. Das sind nur Gedanken, die nichts mit wahrer Liebe zu tun haben. Das ist eher Scheinheiligkeit und Unechtheit.

Ich meine ein tiefes, echtes Verstehen, ein Mitgefühl, das nichts mit der Bemühung zu tun hat: Ich muß lieben. Ich muß Mitgefühl haben. Ich muß mich selbst annehmen. Wenn du Wut oder auch Angst vor verschiedenen Aspekten des Leben spürst, dann ist das vollkommen. Dann kannst du die Wut da sein lassen. Du kannst durch die Wut, durch die Verachtung gehen und in und hinter der Verachtung und der Wut auch die Vollkommenheit Gottes erkennen. Schau auch deiner Wut, dem Widerstand, dem Wunsch nach Macht, der Angst, ausgestoßen, verrückt oder krank zu sein, in die Augen. Das ist auch das, was ist. Das ist auch willkommen. Wenn du dem Verräter, dem Mörder, dem Richter, dem Aussätzigen, den kranken und negativen Energien, den Menschen, die in Verstrickungen gefangen sind, deine Mißachtung schenkst, verachtest du auch das Menschliche, das Süchtige, das Verräterische, das Kranke und Ausgestoßene, das Traurige in dir. Was ist falsch daran?

Du weißt natürlich, daß Mord, Zerstörung, Angst, Verzweiflung keine "erlösten" Ausdrucksformen sind. Aber was sind schon erlöste Ausdrucksformen? Die "Niederungen" der Menschheit geschehen durch Nicht-Liebe. Gerade, weil verschiedenes nicht sein darf, bahnt es sich seinen Weg.

Um die Kraft des ICH BIN erstrahlen zu lassen, ist es wichtig, daß du dein Konzept darüber, wie du sein mußt, voller Liebe zur Seite stellst und dich der Vollkommenheit dessen, was ist, egal, was erscheint, anvertraust. Die Liebe beginnt, sie ist in dir. Glaubst du, daß Gott etwas falsch gemacht hat, weil es all die "Niederungen der Menschheit" gibt? - Glaubst du, daß ein Fehler unterlaufen ist in der Erschaffung des Menschen?

Du hast einen menschlichen Körper, um das menschliche Leben zu leben und "Gottes Liebe" überall zu erkennen. Gerade hier liegt die Herausforderung, die unendliche Liebe zu erkennen. Die Meisterschaft der Liebe ist es, gerade das AllEine auch in den Situationen zu erkennen, die von der Vollkommenheit so weit entfernt zu sein scheinen. Das ist die Meisterschaft, die in einem menschlichen Körper zu erlangen ist. Der "Aufstieg" geschieht von allein. Du gehst in die Menschlichkeit, in das menschliche Leben in vollkommener Liebe, und dein Bewußtsein erhebt sich, ohne daß du die Selbstverständlichkeit des Seins verlassen müßtest. Diese Liebe zu deinem menschlichen Leben in seiner Vollkommenheit möchte ich dir schenken. Es ist letztendlich eine Liebe, die nicht geschenkt werden kann. Denn sie ist. Sie ist ganz selbstverständlich immer existent.

Ich möchte dich an die bedingungslose Liebe erinnern. Sie ist die Brücke zum Christusbewußtsein. Es geht darum, das ICH BIN in der Gegenwart des alltäglichen Lebens zu leben. Die uneingeschränkte Liebe, das Ja zu dem menschlichen Leben, ist der Schlüssel zu der Freiheit des ICH BIN. Die Freiheit des ICH BIN kann auch durch die Erkenntnis der Liebe in den "Niederungen" zur Entfaltung gelangen. Du kannst die Ebene der Dualität nicht überspringen oder verlassen, wenn du sie nicht vollkommen angenommen und die Liebe in ihr gefunden hast. Das ist die Befreiung aus dem Gefangensein in der Dualität. Hinter der bunten Vielfalt wird das Eine erkannt. Die Freiheit liegt darin, daß alles sein darf, wie es ist.

Um die Gegenwart des ICH BIN in vollem Bewußtsein erstrahlen zu lassen, ist dir nicht nur durch Meditationen geholfen. Viele haben lange Zeit der Übung hinter sich. Das war eine gute Vorbereitung für das, was jetzt ansteht. Du kannst jedoch die Vollkommenheit des AllEinen, das Gewahrsein der Unendlichkeit, nicht nur durch Meditationen erreichen. Es geht um dein Leben. Es geht um das, was ist. Stell dir Meditation nur als eine Brücke vor. Du kannst Jahre mit Meditationen, auch mit Meditationen auf das Christusbewußtsein, verbringen und die Selbstverständlichkeit des Seins dennoch nicht finden. Auch wenn ich hier Worte und Gebete vermittelt habe, möchte ich euch keine neuen Anweisungen und Übungen geben.

Ich möchte dir helfen, die Liebe, den Christus, inmitten deines Lebens in allem zu finden. Die Vollkommenheit des Seins ist bereits in deinem täglichen Leben, in jedem Moment. Es ist die Meisterschaft zu erkennen, daß alles bereits das All-Eine ist und du und dein Leben bereits vollkommen sind. Das

ICH BIN, das gelebte Christusbewußtsein, geht, wenn ich es einmal "richtungsmäßig" bezeichne, nicht nach oben, von der Erde weg. Es geht in das Leben hinein und durch die Erscheinungen des Lebens hindurch. Es gilt, den Fokus zu verändern und die Vollkommenheit dahinter zu erkennen. Es geht darum, die Ebene der Identifizierungen mit deinen Vorstellungen zu verlassen und dich dem größeren Ganzen dahinter in seiner Vollkommenheit zu öffnen und aus dem Bewußtsein des Einen Christus das Leben zu leben, so wie es ist. So kannst du weiterhin deine Meinung äußern, dich für etwas einsetzen und etwas verändern wollen. Es mag manchmal Zweifel oder Gefühle der Traurigkeit und Freude geben. Doch dahinter ist und bleibt die Gewißheit, die Bewußtheit des AllEinen. Du glaubst nicht mehr, daß Veränderung geschehen muß, damit du in Frieden sein kannst. Veränderungen geschehen, wenn sie geschehen sollen.

Immer wieder: Erkenne, daß der "Aufstieg", das Erwachen im Bewußtsein des Einen Christus, in deinem Leben zu finden ist. Es ist unabhängig von Geschehnissen, von einer Religion, einem Glauben oder einem bestimmten Weg. Es gibt keine Regel, nichts, was du zu leisten oder zu erlangen hättest. Es gibt hier in dem Bewußtsein des AllEinen nichts Falsches und nichts Richtiges. Dein Weg ist dein Weg. Er ist vollkommen. Das Erwachen ist weder von der Erde noch vom Himmel abhängig. Es ist überall. Und schon gar nicht hindert dich die verdichtete Schwingung der Erde an dem Erwachen in dem Bewußtsein des ICH BIN. Vielmehr ist es dir alles nur Hilfe zur Erkenntnis. Gerade die Erde und das Menschsein sind eine sehr gute, unmittelbare und effektive Schule. Daran kommst du nicht vorbei. Sonst ist es nur eine aufgesetzte Heiligkeit, die dich nicht zu der Erkenntnis des Einen in allem führt. Deswegen lege ich euch mit besonderer Dringlichkeit, mit der

Kraft des HerzJesu, mit dem Herzen des AllEinen, nahe, das menschliche Leben und die Erde zu lieben. Doch Vorsicht ist hier geboten. Einige sind mit dem inneren Auftrag unterwegs, zu verkünden, daß die Erde geliebt und geachtet werden muß und kämpfen zum Beispiel gegen die Umweltverschmutzung.

Das ist wichtig. Doch möchte ich diese Sichtweise erweitern, die oft zu Mißverständnissen führte. Es gilt auch, in Frieden damit zu sein, daß Menschen in dieser Zeit die Erde verschmutzen, belasten und vielleicht nicht vorbildlich mit ihr umgehen. Denn auch sie sind Ausdruck des AllEinen. Auch sie gilt es, in Liebe zu betrachten und ihre Rolle in diesem vollkommenen Plan zu sehen. Wenn du sie als schlecht und dich als gut beurteilst, weil du für die Erde kämpfst, dann ist das ein Ausdruck der Trennung und des Urteils. Das kann zu Fanatismus führen, wo Liebe, Verständnis und Mitgefühl für diese Erscheinung menschlichen Lebens angebracht wären.

Wenn ich von der allumfassenden Liebe spreche, dann meine ich wirklich, daß sie allumfassend und allmächtig ist. Sie schließt nichts aus, auch nicht die Menschen, die auf der Seite der Zerstörung zu stehen scheinen. Wenn davon gesprochen wird, die Erde zu lieben, dann heißt es wirklich, alles so sein zu lassen, wie es ist.

Das muß aber wiederum kein tatenloses Zuschauen bedeuten. Du kannst dich für eine Verbesserung der Umstände auf der Erde einsetzen. Erkenne aber auch die Vollkommenheit in der Zerstörung. All das sollte dich nicht aufhalten, deinen Weg zu gehen und dich für das einzusetzen, was dir wichtig erscheint.

Hier geht es wieder nur um das Gewahrsein des Einen Christus. Es geht nicht darum, ob du dich für etwas einsetzen sollst oder nicht. Das wirst du spüren. Es gilt nur, dein Bewußtsein in die Kraft des ICH BIN zu erheben und die Vollkommenheit zu erkennen, auch in dem, was hinderlich zu sein scheint. Das Bewußtsein der Erde erhebt sich durch die Erkenntnis der Liebe zu und in allem, was ist.

Laß das Anhaften an Verbesserungsvorschlägen und Erwartungen an dich, an andere und an die Erde gehen. Es ist gut, Visionen zu haben und Verbesserungen herbeiführen zu wollen. Doch laß dein Engagement aus der Liebe des AllEinen geschehen. Auch der Weg, den ich als historischer Jesus gegangen bin, war von Engagement, von Auseinandersetzungen, Herausforderungen und auch von Kritik geprägt. Dennoch war ich im Gewahrsein des AllEinen, auch in Liebe mit den Menschen, mit denen ich mich auseinandersetzte und die ich kritisierte. Es geht um die Erkenntnis der vollkommenen Liebe in allem. Möglicherweise gehst du einfach den Weg, den du schon gehst, weiter. Doch das ICH BIN erstrahlt, weil du die Vollkommenheit dessen erkannt hast, was sich durch dich in jedem einzelnen Moment ausdrücken mag. Deine Konzepte und Ziele werden mehr und mehr an Bedeutung verlieren, so daß das geschieht, was geschehen will, ohne daß etwas das verhindern könnte.

Du bist dir bewußt, daß das AllEine sich in vielfältigen Formen ausdrücken kann.

So waren Ausdruck der Liebe durch mich als Jesus auch kämpferische Aspekte. Dein Weg mag sanft oder auch kämpferisch sein. Dennoch geht es immer nur um die Liebe, das Bewußtsein des AllEinen hinter und in der Vielfalt. Deswegen halte dich nicht an einem einzelnen Beispiel, an einer einzelnen Geschichte fest. Es geht nicht um die Geschichten. Wenn du den Einen Christus auch in all den Menschlichkeiten erkennst, dann erhebst du dich unweigerlich aus der Dualität, obwohl du dich immer noch ganz selbstverständlich in ihr bewegst. Hierzu ist keine Meditation notwendig, obwohl sie hilfreich sein kann. Hierzu braucht es keinen christlichen, keinen religiösen Glauben. Hierzu braucht es nichts. Es ist einfach. Es ist für jeden Menschen. Es findet sich überall, egal, welche Rolle du in deinem Leben spielst.

Manche einfache Menschen finden gerade durch ihre Einfachheit, die wenigen Vorstellungen und Meinungen und durch das Öffnen ihres Herzens den Christus in allem. Du brauchst nichts über das Christusbewußtsein wissen. Es ist viel wichtiger, dich reinen, offenen Herzens der Wahrheit und der Liebe zu verpflichten. Es gilt, die Liebe Gottes des Allmächtigen überall zu erkennen. Die Liebe ist einfach und selbstverständlich. Die Liebe Gottes, des AllEinen, ist in deinem Herzen. Es ist das, was du bist. Liebe. Sein.

Die Liebe eines offenen Herzens ist auch die Liebe zu den Menschen. Das vollkommene Christusbewußtsein erstrahlt jetzt in dir, in der Liebe, die alle Hürden, alle Grenzen und die Dualität durchschreitet und dich in die Unendlichkeit des AllEinen inmitten aller Menschlichkeiten führt.

Ich segne dich mit der Macht des AllEinen,
mit der Kraft des ICH BIN.
Die volle Christuskraft erstrahlt.
Sie ist jetzt!
Sie verbindet dich mit der Erde.
Die Kraft des AllEinen erstrahlt und erhebt
dein Bewußtsein aus den Illusionen und den Verstrickungen
der Dualität und überwindet Trennung.
Die Liebe des AllEinen ist jetzt!
Die Kraft des ICH BIN ist jetzt!
Vergangenheit und Zukunft, Richtig und Falsch
lösen sich auf in dem ICH BIN, jetzt!

Wenn du Meditationen magst, kannst du jetzt folgendes visualisieren:

Verbinde dich mit einem rubinroten bis magentafarbenen Strahl. Er fließt von oben durch dein Kronenchakra hindurch. Er verbindet dich mit der Erde und der Liebe zu allem, was ist. Diese Liebe geht durch alles, was dir Angst macht und was du vermeidest, hindurch. Sie nimmt das voller Liebe in der Selbstverständlichkeit des Seins an. Sie fließt durch dich hindurch und verwandelt sich dann in einen hell apricotfarbenen Strahl, der dich in dem Christusbewußtsein verankert. Sieh, wie der Strahl der Liebe zu den Menschen, zu der Erde, zu allem, was ist, durch das Dunkelrot/Magenta in die Erde und durch sie hindurch strömt und sich dann in einen hell apricotfarbenen Lichtstrahl verwandelt, der sich schließlich in der Quelle auflöst.

So segne ich dich jetzt mit den Worten:

Die Kraft des ICH BIN erstrahlt durch dich.
Erkenne die Liebe in dir und in all den Menschlichkeiten.
Geliebt sei das MenschSein,
obwohl du in Wahrheit nur das AllEine,
göttliches Bewußtsein bist in allem, was ist.
Liebe, das AllEine, erstrahlt durch dich in allem.
Amen

Beziehungen

Ich möchte mit dir über deine Beziehungen sprechen, - über deine Beziehung zu dir, zu anderen Menschen und auch zu “Gott”. Ich möchte mit dir darüber sprechen, wie du in Beziehung bist mit dem, was ist.

Beziehungen setzen zwei – einen und jemand anderen – voraus. Einen, der sich auf etwas oder jemanden bezieht, und etwas, jemand, auf das bzw. den sich bezogen wird. Das ist Ausdruck von Dualität, wenn scheinbar einzelne getrennte Individuen in Kontakt miteinander treten. Doch jetzt geht es um die Erkenntnis des Einen hinter der Trennung. Nur auf der Ebene des Körpers, auf der Ebene menschlicher Erscheinungen, scheint es diese Trennung zu geben. Da scheinen ein Du und ein Ich und auch verschiedene Körper und Verhaltensweisen zu existieren. Doch dahinter ist in Wahrheit nur das AllEine.

Ich möchte dich ermuntern, das AllEine hinter all der Verschiedenheit zu erkennen. Wenn du die Vollkommenheit in den verschiedenen Menschen erkennst, dann geschehen deine Beziehungen und Kontakte auf eine ganz andere Art und Weise, als sie dir bis jetzt vertraut sind. Du bist nicht mehr mit Bildern und Erwartungen identifiziert. Du reduzierst den anderen nicht mehr auf die Ebene menschlicher Erscheinungen, weil du des AllEinen in dieser menschlichen Erscheinung gewahr bist. Da ist dann wahre Liebe. Eine grenzenlose, freie Liebe in der Vollkommenheit dessen, was ist. Immer mehr werdet ihr eure Menschlichkeiten sein lassen können, wie sie sind und die Vollkommenheit, die Liebe, dahinter erkennen.

Es ist auch die Zeit massiver Veränderungen in Beziehungen. Die Art der Kommunikation, des miteinander Seins, wird sich in großem Maße verändern. Und um euch dabei zu unterstützen, in eine neue Dimension der Beziehungen einzutreten, versuche ich, euch die Zusammenhänge und Hintergründe aufzuzeigen.

Die Ebene der Kommunikation, die Ebene der Kontakte, ist im Wandel. Um das Bewußtsein des ICH BIN erstrahlen zu lassen, ist es notwendig, frei zu sein. Das schließt auch eine Freiheit in Beziehungen mit ein. Bis jetzt waren Beziehungen stark von den Erwartungen belastet, wie ihr euch darin zu bewegen und zu verhalten habt. Außerdem gab es genaue Konzepte und Vorstellungen darüber, was Ausdruck von Liebe und Zuneigung ist. Jetzt geschieht immer mehr die Befreiung von Verstrickungen, besonders im familiären Rahmen. Viele wagen es jetzt, aus familiären Verstrickungen in einer neuen unerwarteten Art und Weise herauszutreten. Die karmischen Lasten, von Familien über Generationen hinweg weitergegeben, werden jetzt befreit. Das familiäre Erbe mit seinen Belastungen wird gewandelt in eine Quelle der Kraft. So erwächst auch die Kraft der Liebe und der Freiheit.

Das ist auf der Ebene der Zeit für die Menschheitsentwicklung ein wichtiger Punkt, denn die Befreiung aus Schuld, Verstrickung und Abhängigkeit in Beziehungen ist gekommen. Es ist eine Freude zu sehen, wie ihr euch jetzt kollektiv aus den seit Generationen weitergegebenen Verstrickungen befreit und damit auch die Lasten eurer Ahnen erlöst. Es ist ein gemeinsames Wirken, das zu dieser Zeit sehr intensiv erfolgt.

Einige Verstorbene, die in der geistigen Welt in Verwirrung und Dunkelheit gelebt haben, werden befreit, befreien sich, weil die Zeit der Befreiung gekommen ist. So wird auf verschiedenen Ebenen gearbeitet, und eins wirkt ins andere. Nichts ist getrennt.

Es ist die Zeit, sich von Schwüren, Versprechen und inneren Abkommen zu befreien. Es ist eine großartige Zeit. Es ist die Zeit der Erkenntnis, daß ihr niemandem verpflichtet seid.

Und ihr seid schon gar nicht verpflichtet, die Lasten der Schuld anderer zu tragen. Es gibt keine Schuld. Es ist nur eine duale Erscheinung innerhalb der Zeit. Die Energie des AllEinen strahlt jetzt so mächtig durch die Verdichtung der Erde hindurch, daß sie die Möglichkeit eröffnet, euch aus den Verstrickungen der Dualität zu befreien.

Besonders in familiären Beziehungen sind die Geschichten von Schuld, Schwüren, Vereinbarungen und falscher Verantwortung sehr ausgeprägt. Dadurch wird ein Leben nicht in der Freiheit des Seins gelebt, wie es gelebt werden könnte. Und das nur, weil es Gefühlen der Verpflichtung, falsch verstandenem Ausdruck von Liebe und Abhängigkeiten zum Opfer fällt.

In dieser Zeit gibt es viele Menschen, die das erkennen und sich befreien. Es ist ein kraftvoller Punkt, an dem du ansetzen kannst, um in die Freiheit des ICH BIN zu erwachen. Es kann eine viel größere Hilfe sein, die Verstrickungen und das Erbe, das du angetreten hast, zu befreien als zu meditieren. Es geht darum, die Unsterblichkeit deines Selbst zu erkennen. Es geht darum, zu erkennen, daß du mehr bist als dieser Sohn, als diese Tochter, dieser Vater oder diese Mutter, und du nichts und niemandem verpflichtet bist, außer der Freiheit des Seins. Damit ist nicht gemeint, daß du keine Verantwortung mehr deinen Kindern und deinem Leben gegenüber hast. Doch das geschieht dann aus einer Selbstverständlichkeit heraus in der Leichtigkeit des Seins. Es ist dir eine wahrhaftige Freude, in Beziehungen zu sein, frei von übertriebenen Verpflichtungen.

Ich habe schon oft über falsch verstandene Liebe gesprochen. Letztendlich gibt es natürlich keine richtig oder falsch verstandene Liebe, denn Liebe ist jenseits von Verstehen. Liebe liebt einfach. Sie ist. Liebe ist einfach das, was ist.

Wenn ich von falsch verstandener Liebe spreche, dann wähle ich dieses Wort, um dich verstehen zu lassen, daß eure Vorstellungen von Liebe eingeschränkt sind und das viel Schmerz erzeugt. Liebe, wie sie lange Zeit von den Menschen verstanden wurde, war von Abhängigkeiten geprägt. Sie war geprägt von Erwartungen, die dem "Ego" dienten, nicht dem wahren Selbst. Das Wort Liebe wurde oft nur benutzt, um eure Angst zu mindern und scheinbare Unzulänglichkeiten auszugleichen. Es war oft ein Konglomerat der Abhängigkeiten, um damit eure Begrenzungen und Ängste im Gleichgewicht zu halten.

Von besonderer Bedeutung war der Glauben, daß der andere für dein Wohlbefinden und du für das seine verantwortlich bist.

Ein weiteres Mißverständnis liegt in dem Glauben, daß du nur durch andere vollkommen bist und nur dann liebst, wenn du die Erwartungen des anderen erfüllst. Wie oft hast auch du erwartet, daß ein Mensch, der dich liebt, nicht deine Grenzen sprengen sollte, damit du dich sicher und geborgen fühlst. Das ist jedoch nur eine Pseudosicherheit, damit deine Angst vor wahrer Freiheit und vor verschiedenen Aspekten des Lebens nicht zu Tage treten könnte.

Was hast du nicht schon alles von den Menschen, mit denen du in Kontakt bist, insbesondere in deiner Familie erwartet? Sei ehrlich. So viele Erwartungen hast du an dich und andere gestellt, damit du, erst wenn diese erfüllt sind, lieben kannst. So oft hast du geglaubt, daß es nur dann Liebe ist, wenn sich jemand so verhält, wie du es erwartest. Genauso stellten andere ihre Erwartungen an dich, stellten dir Bedingungen, die als Zeichen der Liebe bewertet wurden. Dadurch seid ihr zu viele Kompromisse eingegangen. Ihr habt euch verdreht und freiwillig geopfert, um die Erwartungen des anderen, aber auch eure eigenen zu erfüllen. Selbst wenn ihr dagegen rebelliert habt, ward ihr gefangen.

Viele sind auch bewußt in Verstrickungen und Abhängigkeiten gegangen und haben die Lasten von Schuld und Schmerz anderer auf sich genommen, um auf diesem Wege ihre Liebe und Solidarität zu zeigen. Auch ihr habt mehr oder weniger bewußt die Erfüllung eurer Erwartungen von anderen gefordert. Das war die Zeit der Verstrickungen. Das war vollkommenes Lernen. Doch jetzt ist die Zeit, die falsch verstandene Liebe der Abhängigkeiten zu durchbrechen und wahre Liebe in Freiheit erstrahlen zu lassen.

Um Mißverständnissen vorzubeugen, betone ich hier ganz ausdrücklich: Wenn ich von Liebe in wahrer Freiheit spreche, ist nicht das Lösen aller Bindungen gemeint. Ich meine nicht Beziehungslosigkeit. Die Freiheit in Beziehungen, von der ich spreche, meint eine innere Freiheit, das Bewußtsein des Einen Christus. Damit sind nicht die Vorstellungen der freien Liebe der 68iger oder mancher tantrischer Kreise gemeint. Freiheit in wahrer Liebe heißt, das, was du bist, zu leben, ohne dich verbiegen zu müssen. Es geht nur ums Sein, ums SoSein, wie du bist. - Auch um das SoSeinlassen all dessen, was ist.

Finde die göttliche Liebe in allem. Die vollkommene Liebe ist nicht in der Erfüllung deiner Erwartungen und Bedürfnisse zu finden. Sie ist in dir. Sie beginnt und endet in der Liebe zu dir selbst. Sie beginnt in der Erkenntnis, daß du Liebe und nichts als Liebe bist. Sie beginnt in der Erkenntnis, daß die Liebe des AllEinen durch alles erstrahlt. Wenn du die Liebe an Erwartungen knüpfst, an die Erfüllung deiner Bedürfnisse, wird es immer ein Aspekt der abhängigen Liebe sein. - Du glaubst, nur geliebt zu sein, wenn bestimmte Bedingungen erfüllt sind. So bist du abhängig von dem Verhalten des anderen und abhängig davon, daß der andere sich genau in das Schema pressen läßt, was du als Ausdruck von Liebe siehst. Wenn du das, was du erwartest, nicht bekommst, geschieht Enttäuschung, Schmerz und ein Gefühl des Nichtgeliebtseins. Was du suchst, kannst du nur in der Vereinigung mit dem AllEinen, in unendlicher Liebe, finden. Und diese Liebe ist unabhängig von anderen Menschen. Sie ist von nichts abhängig. Was du durch andere suchst, gilt es, in dir zu finden. In der Freiheit des Seins hast du kein Interesse daran, die Erwartungen zu erfüllen. Es gibt keine Anhaftung an Erwartungen und Bedingungen mehr. Da ist vollkommene Freiheit.

Das ist eine Freiheit der Liebe, die vielen große Angst macht. Wie sieht deine Angst aus? Was hast du Angst zu verlieren oder nicht zu bekommen? Was fehlt dir? Was könnte dir fehlen, wenn du bereits allumfassend und vollkommen bist? Was könnte dir fehlen, wenn du bereits alles bist? Was könnte dir zu vollkommener Freiheit und wahrer Liebe fehlen, wenn bereits alles in dir ist, wenn du bereits unendliche Freiheit und Liebe bist? Im Gewahrsein unendlicher Liebe bist du nicht davon abhängig, das, was du dir wünschst, erhalten zu müssen. Wenn du das, was du dir wünschst, erhältst, ist es eine Freude; wenn nicht, spielt es auch keine Rolle. Denn du bist in der Vollkommenheit des Seins gesättigt.

In dem Bewußtsein des Christus bist du frei, Liebe zu schenken und zu erhalten. Ein unendlicher Fluß. Ist dir nicht immer wieder bewußt geworden, daß dir, so sehr du nach Liebe im Außen suchst und selbst wenn du sie zu erhalten scheinst, immer etwas fehlt? Es ist wie ein nie versiegendes Loch, was all die Bekenntnisse von Liebe absorbiert. Bleibt nicht immer wieder ein Gefühl von „zu wenig"? Es verschwindet, wenn die Vollkommenheit der Liebe in dir wirklich erkannt wird. Das ist wahre Freiheit. Ob dir jemand etwas als Ausdruck der Liebe schenkt oder ob Wünsche in Erfüllung gehen, ist nicht mehr von Bedeutung. Nichts mehr, was fehlt, was wirklich benötigt wird. Die Vollkommenheit ist und bleibt. Nichts wird wirklich gebraucht, nichts muß zurückgewiesen werden. Willkommen, was ist. Willkommen, was sein soll.

Vielleicht kennen einige von euch die Geschichte, daß eine Frau zu mir kam und sagte: Ich bin deine Mutter. Ich antwortete: Wer bist du? Sie antwortete wieder: Ich bin doch deine Mutter. Ich antwortete wieder: Wer bist du?

Meine Frage an sie, wer sie sei, richtete sich an das, was sie in Wahrheit ist. Ich wollte ihr zu erkennen geben, daß sie mehr ist als eine Mutter. Auf der menschlichen Ebene haben wir viele Rollen gespielt. Doch das, was wir sind, ist der Christus in allem.

Über lange Zeit waren die Menschen mit ihrem Körper und ihren Rollen, mit ihren Erwartungen und Vorstellungen identifiziert. Sie waren so sehr identifiziert und haben immer wieder Illusionen für wahr gehalten, daß ihnen ein Erkennen des Göttlichen in allem jenseits ihrer Identifizierungen nicht möglich war. Stell dir die Frage, wer du wirklich bist? Bist du überhaupt ein Jemand? Was bleibt, wenn du deine Identifizierungen zurücknimmst? Was bleibt, wenn du alles, was ist, gehen läßt, oder alles annimmst?

Ich war so in dem Bewußtsein des AllEinen verankert, daß ich nur die göttliche Liebe sah. Ich spielte die menschliche Rolle. Doch niemals vergaß ich die Quelle. - Da war nur das Gewahrsein, daß es in Wahrheit weder Mutter, Sohn, Tochter, Ehefrau oder Hausfrau, weder einen guten noch einen schlechten Menschen gibt. Ich sah die Vergänglichkeit des Körpers und daß der Körper nur ein Gefäß für den Ausdruck des AllEinen ist. Ich sah die Ewigkeit in allem. Ich sah auch das Anhaften der Menschen an ihren Rollen. Ich sah, wieviel Schmerz dadurch geschah, daß sie die Ewigkeit nicht erkannten und sich mit den vergänglichen Erscheinungen identifiziert hatten. Erkenne, auch wenn du mit Menschen in Beziehung bist, ist da eine vollkommene Liebe, die keiner Erfüllung bedarf. Da ist die vollkommene Liebe in jedem von euch. Da ist eine vollkommene Liebe, die nichts vermissen und der nichts hinzugefügt werden kann. Sie ist in der Selbstverständlichkeit des Seins, die in aller Menschlichkeit Ausdruck finden kann.

Ich möchte dich auffordern zu schauen, was für dich Liebe bedeutet. Welche Erwartungen hast du an die Menschen, denen du begegnest? Was erwartest du von ihnen als Zeichen der Liebe? Wo hast du dich immer wieder verformt, um die Erwartungen und Vorstellungen von Liebe zu erfüllen? Laß diese Situationen vor deinem inneren Auge erscheinen und auch all die Enge, die damit verbunden war. Erkenne, wo du die Erwartungen anderer im Namen der Liebe erfüllen wolltest. Die Zeit ist gekommen, daß du die vollkommene Liebe in dir selbst erkennst. Das heißt nicht, daß du plötzlich völlig kühl und distanziert in Beziehungen bist, keine Wünsche mehr hast und nicht auch Wünsche anderer erfüllen darfst. Das heißt auch nicht, daß alle Erwartungen von heute auf morgen verschwinden müssen. Die Freiheit der Liebe, von der ich hier spreche, bedeutet nicht die Zurückweisung aller Bindungen. Es bedeutet nur, daß du keinen anderen mehr dafür verantwortlich machst, ob du dich glücklich und geliebt fühlst. Wenn die tiefe Gewißheit unendlicher Liebe in dir zu Hause ist, erkennst du auch dort die Liebe, wo du sie vorher durch das begrenzte Bild deiner Vorstellungen nicht erkennen konntest. In der Freiheit des Seins schenkst du nicht mehr aus Verpflichtung und Abhängigkeit deine Liebe und Aufmerksamkeit. So können sich auch andere Menschen an die Freiheit der Liebe jenseits von Verstrickungen und Abhängigkeiten erinnern. Wieviel Liebe wurde dir bereits geschenkt, die du nicht erkennen konntest, weil du Vorstellungen hattest, wie Liebe auszusehen hat. Laß deine Kinder, deine Frau, deinen Mann, deine Eltern, Freunde, Vorgesetzte und Mitarbeiter sein, wie sie sind. Erkenne die Vollkommenheit ihres Ausdrucks. Sie müssen nicht anders sein, damit es dir gut geht. Und auch du selbst mußt nicht mehr anders sein, damit du in Frieden bist und der Liebe würdig. Egal, was du jemals getan hast, wie sehr du dich angestrengt hast, um Liebe zu erhalten, laß die Erwartungen gehen. Laß sie da sein, doch glaube ihnen nicht. Glaube nicht, daß sie allumfassend sind und ein wirklich tiefes Verstehen von Liebe beinhalten. Erkenne die Liebe in all den vielfältigen menschlichen Ausdrucksformen. So werden eure Beziehung frei werden, denn die Verpflichtungen schwinden. Sie schwinden, weil ihnen immer weniger Glauben geschenkt wird.

Es gilt, ein Jahrtausende altes Erbe falsch verstandener Liebe zu erkennen, auf das du nicht mehr zugreifst, weil die Zeit der Verstrickung und Abhängigkeiten sich dem Ende zuneigt. Das beginnt jetzt auch in euren Familien. Das geschieht jetzt in deinem Leben. Es beginnt mit den Erwartungen, die du an die Menschen hast. Wo glaubst du nur glücklich sein zu können, wenn sich eine Beziehung auf eine bestimmte Art gestaltet? Wo glaubst du, ohne einen anderen nicht glücklich sein zu können? Wo glaubst du für einen anderen Menschen verantwortlich zu sein? Wo glaubst du an Schuld? Laß die Identifizierungen mit all dem beendet sein. Erkenne jetzt, wie die Liebe auch in Zeiten ihrer scheinbaren Abwesenheit zugegen war. Erkenne die Liebe in all dem Schmerz, in all der Zurückweisung, die dir zuteil geworden sind. Immer wenn du

Bedingungen an Liebe knüpfst, halte inne und sei still. Wisse, das vollkommene Genährtsein, die Unendlichkeit der Liebe, ist in dir. Finde die Liebe des AllEinen in deinem Leben. Sie führt dich in eine Freiheit der Liebe jenseits von Leiden. So werdet ihr weiterhin in Beziehungen leben, auch "Verbindlichkeiten" eingehen, während die Freiheit im Gewahrsein des AllEinen ist.

Liebe wird immer weniger an Gleichheit und scheinbarer Harmonie gemessen werden. Denn manchmal habt ihr eine gesunde Unterschiedlichkeit gleichgemacht, um euch und andere nicht zu ängstigen. Manchmal wurde aber auch die Unterschiedlichkeit so überbetont, daß das Gemeinsame nicht erkannt werden konnte. Einige von euch haben die Vorstellung, daß Liebe in Freiheit mit Beziehungslosigkeit einhergeht. Nein, es gibt auch eine Freiheit in der Bindung. Denn auch in äußerer "Freiheit", in Beziehungslosigkeit, kann Unfreiheit liegen. Vielen Menschen macht es Angst, mit Menschen zusammen zu sein, die in dem Ausdruck ihrer Liebe unabhängig sind, weil sie Angst haben, keinen Zugriff mehr auf sie zu haben. Menschen im Gewahrsein, daß nichts fehlt, begegnen einander in unendlicher Freude, in der Freiheit des Seins.

Vieles wandelt sich, auch viele Vorstellungen über Eltern - Kindbeziehungen, die über Jahre ihren Wert hatten. So gibt es zum Beispiel die Vorstellung, daß eine Mutter nur gut sein kann, wenn sie ihr Leben ihrem Kind opfert und ihm all ihre Zeit und Aufmerksamkeit gibt. Manche Mütter haben ihr Leben verschenkt, weil sie Angst hatten, ihr Leben zu leben. Sie haben sich an die Lebensenergie ihrer Kinder angeschlossen. Ihr Eltern seid euren Kindern zu nichts verpflichtet. Dennoch habt ihr die Verantwortung gewählt für das Wohl eurer Kinder. Diese Verantwortung äußert sich ganz selbstverständlich in der Freiheit des Seins.

Doch diese Verantwortung ist oft falsch verstanden worden.

Propagiert wurde auch, daß Eltern ihre Kinder erziehen müssen. Doch wozu sollen sie erzogen werden? Was sollte ihnen fehlen? Sie sind bereits vollkommen. Die unendliche Liebe in der Freiheit des Seins erkennt die Vollkommenheit in jedem Kind, in jeder Situation. Das Glück, der innere Frieden der Kinder ist nicht ausschließlich von den Eltern abhängig. Das Leben eines jeden Wesens ist bereits erfüllt von der vollkommenen Liebe des AllEinen. Die Liebe der Eltern wird niemals, egal wie sehr sich jemand anstrengt und scheinbar opfert, ausreichend genug sein, um die Sehnsucht nach dem EinenSein zu stillen. Ob ein Kind sich geliebt fühlt, ist nicht deine Verantwortung. Die Liebe des AllEinen muß in jedem selbst gefunden werden. Sie kann durch keinen Menschen ersetzt, aber auch durch niemanden verhindert werden. Wenn du dich nicht durch die Macht des AllEinen genährt fühlst und sie in dir selbst nicht erkennst, wird nichts und niemand deinen Durst nach unendlicher Liebe stillen und dir den Schmerz der Trennung nehmen können. Niemand wird dir diesen Mangel nehmen können. Genauso wenig kannst du das für jemand anderen tun. So kannst du mit den Menschen in Liebe sein, doch du bist nicht dafür verantwortlich, wie sich ihr Weg gestaltet.

Es liegt nicht in deiner Macht, was in dem Leben eines Menschens geschieht. Ihr wurdet bereits in dieser Vollkommenheit in die Welt geboren, auch wenn ihr dieses später vergessen habt. Ihr könnt dieser Vollkommenheit nichts nehmen. Die Vollkommenheit eines jeden Wesen ist. Die Ewigkeit ist immer, und die Liebe ist nicht an einzelne Menschen und Situationen gebunden. Sie wird auch immer weniger von der körperlichen Anwesenheit eines Menschen abhängig sein. Sicherlich sind Eltern wichtig, denn sie sind die Wurzeln. - Aus ihnen ist dein Körper in Liebe entstanden. Doch auch diese Bindungen werden freier, wenn du das Ewige in dir und anderen erkennst. So ist die Zeit gekommen, still und einfach in Liebe zu sein.

Du glaubst nicht mehr an den Mangel, daß dir etwas fehlt, um geliebt und in Frieden zu sein. Ich betone immer wieder die Wichtigkeit, deine Vorstellungen von Liebe und Beziehungen zu erkennen und ihnen nicht deinen Glauben zu schenken. Wenn du diese Begrenzungen erkennst, kämpfe nicht gegen sie. Wende dich nach innen und laß dich voller Vertrauen in die Liebe des AllEinen fallen.

Es geht um die Erkenntnis, daß dir nichts fehlt. Es geht darum zu erkennen, daß die Vollkommenheit Gottes schon immer in dir ist. Ihr glaubtet an Mangel, da, wo doch immer nur Fülle und Leere, die vollkommene Liebe, war und ist. Nichts, was dir fehlt; nichts, was du nur durch jemand anderen sein kannst. Die Vollkommenheit ist bereits in dir.

Durch das Gewahrsein der Liebe in allem verändern sich eure Beziehungen, denn die Bereitschaft, aus sogenannter Liebe in Verstrickung und Abhängigkeit zu gehen, neigt sich dem Ende zu, während die Bereitschaft, die Vollkommenheit in allem zu erkennen und in aller Selbstverständlichkeit das Leben voller Liebe mit anderen Menschen zu leben, wächst.

Die Formen des Ausdrucks von Beziehungen erweitern sich. Die Menschen erkennen, daß Alter nicht gleichbedeutend ist mit Weisheit und dem Gewahrsein des AllEinen. Wenn auch die Vollkommenheit des Seins in den Kindern wirklich und nicht nur theoretisch erkannt wird, weicht die Last der Eltern, allein für das Glück und das Leben ihrer Kinder verantwortlich zu sein. Immer mehr geschieht die Erkenntnis, daß die Verantwortung eines jeden Menschen bei sich selbst, letztendlich aber doch nur in den Händen "Gottes" liegt. Das heißt nicht, daß Eltern nicht eine Verantwortung für ihre Kinder haben. Das bedeutet auch nicht, Kinder zu vernachlässigen oder wie kleine Erwachsene zu behandeln und ihnen alle Entscheidungen zu überlassen. Das heißt nicht, die naturgegebene Ordnung von Eltern und Kindern mit den daraus entstehenden Strukturen verlassen zu müssen. Es gibt eine gesunde Ordnung wie die, ein Kind an die Hand zu nehmen und ihm einen liebevollen Rahmen zu geben, in dem es sich frei bewegen und entfalten kann. Doch die Vollkommenheit dieses Wesens und seines Lebens ist bereits. So liegt auch das Leben eines Kindes in der Hand Gottes.

Da ist Demut angebracht, das Leben eines Kindes nicht wirklich lenken zu können. So sind Beziehungen eine Hilfe, dich an deine Grenzen, an die Grenzen von Kontrolle und in die Hilflosigkeit zu führen, woraus wahre Demut erwachsen kann.

Beziehungen sind ein wichtiger Spiegel, um zu erkennen, wo du etwas von anderen zu bekommen erwartest, weil du glaubst, daß dir etwas fehlt. Beziehungen sind ein vollkommener Spiegel, um dir deine Angst, etwas zu verlieren oder nicht zu erhalten, zu zeigen. Sie sind auch ein Spiegel, der dir zeigt, wo du Bedingungen an Liebe knüpfst, anstatt die Liebe, die bereits ist und niemals verloren gehen kann, zu erkennen. Beziehungen spiegeln dir auch, was du ablehnst. Wenn du etwas verachtest und verurteilst, kannst du nicht die Liebe in allem erkennen.

Auch durch Erfahrungen von Schmerz in Beziehungen machst du dich auf die Suche, die Liebe ohne Bedingungen zu finden. Beziehungen zeigen die Unterschiedlichkeit und Vielfalt menschlichen Lebens auf, um darin die Liebe als die gemeinsame Quelle erkennen zu können. Noch einmal: Du bist in Wahrheit nichts und niemandem verpflichtet. Schon gar nicht im Namen der Liebe.

Liebe heißt nicht, zu allem Ja und Amen zu sagen.

Ausdruck von Liebe sind auch die Unterschiedlichkeiten menschlicher Ausdrucksformen. Ausdruck von Liebe sind auch Gefühle, Verhaltensweisen, die du an dir und anderen ablehnst. Da ist eine Freiheit in der unglaublichen Vielfalt der Liebe. Befreie dich aus den Abhängigkeiten in Beziehungen. Das ist der Boden, den du bereiten kannst, damit die Gegenwart des ICH BIN sich vollkommen verankert. Du kannst beten und meditieren, die Verstrickungen in den Beziehungen deines Lebens holen dich immer wieder zurück. Sie zeigen dir, wo du wirklich stehst, wo du zu fliehen oder was du zu übersehen versuchst. Finde die Freiheit in den Beziehungen, indem du dich als das Eine erkennst. Finde den Frieden, indem du dich den Ängsten in deinen Beziehungen stellst und Schuld, Abhängigkeit und falsche Verantwortung beendet sind. Vergib dir und anderen, wo es der Vergebung bedarf. Laß die Abhängigkeiten der Vergangenheit gehen, schau ihnen in die Augen, um dahinter das Bewußtsein des Einen Christus zu erkennen. Beziehungen gehören zu dem Leben auf Erden. Es geht nicht darum, ihnen entfliehen zu müssen, sondern alltäglich in Beziehungen in der Verantwortlichkeit für dich selbst zu sein. Du bist nicht da, um Erwartungen zu erfüllen. Wenn du wieder einmal Erwartungen und Bedingungen an Liebe knüpfst, verurteile dich nicht. Das liegt in der menschlichen Information. Besinne dich immer wieder auf das AllEine, auf die vollkommene Liebe. Sie ist jetzt bereits, auch in den Auseinandersetzungen deines Lebens. Sie ist auch in den Beziehungen, wo dir Schmerz zugefügt wurde. Die vollkommene Liebe ist überall. Und nun sei gesegnet. Wenn du magst, sprich folgende Worte:

ICH BIN frei.
ICH BIN frei von den Verstrickungen und Erwartungen,
die ich im Namen der Liebe an mich und andere gestellt habe.
ICH BIN frei von Verpflichtungen
in Form von Schuld und Abhängigkeit.
ICH BIN frei davon,
für das Glück anderer Menschen verantwortlich zu sein.
All dies lege ich in die Hände des AllEinen.
Ich erkenne die vollkommene Freiheit eines jeden Wesens,
die vollkommene Freiheit all dessen, was ist, an.
ICH BIN bereit,
das ICH BIN in menschlichen Beziehungen zu leben.
Ich erkenne die vollkommene Liebe überall.
Ich trete ein in die Kraft des ICH BIN,
jenseits von Mann und Frau, von Eltern und Kindern.
Ich trete ein in die Kraft des ICH BIN,
jenseits von Geburt und Tod.
Ich trete ein in die Kraft des ICH BIN,
um auf Erden in Freiheit und Liebe zu leben.
ICH BIN frei, das AllEine zu erkennen.
Ich nehme die Liebe meiner Ahnen an.
Ich nehme die Liebe, die mir von den Menschen
geschenkt wurde, die Liebe " Gottes" an.
Ich erkenne, daß auch all die Verstrickungen Liebe waren.
Ich erkenne die Freiheit der Liebe hinter und in allem, was ist.
ICH BIN in Liebe mit allen Menschen
und allen menschlichen Ausdrucksformen.
Die Liebe ist immer auch in den Herausforderungen
und "Niederungen" des Lebens.
Die vollkommene Freiheit des ICH BIN offenbare sich
jetzt in meinen Beziehungen
und in der Liebe zu den Menschen.

Ich segne dich mit den Worten:

Liebe sei in deinen Beziehungen.
Die Freiheit der Liebe durchbreche deine Abhängigkeiten.
Jetzt erstrahlt die vollkommene Liebe in dir,
das ICH BIN in allem, was ist.
Liebe. Freiheit. Liebe.
Gesegnet sei das menschliche Leben.
Gesegnet seien menschliche Beziehungen
in Liebe und Freiheit.
Amen.

Autorität und Macht I

Habe den Mut zu sein, wie du bist. Habe den Mut, dein Leben mit all seinen Herausforderungen zu leben. Der Glaube, daß das Erstrahlen deiner natürlichen Autorität Egoismus sein könnte, ist eine Illusion. Es ist auch eine Illusion zu glauben, daß es der göttliche Wille ist, wenn du deine Kraft nicht lebst und dich zurücknimmst, weil du nicht egoistisch sein willst. Es ist trotzdem nichts anderes als die Identifizierung mit einem "Ego", das dir einredet, daß es bescheiden ist, wenn du dich kleiner machst als du bist. Es ist wieder eine Identifizierung, wenn du glaubst, daß du nicht egoistisch, sondern spirituell und selbstlos sein mußt. Was ist egoistisch, und was nicht? Letztendlich gibt es gar kein "Ego". Egoismus, oder Nichtegoismus, löst sich im Sein auf. Es löst sich auf, wenn du das geschehen läßt, was geschehen will, wenn das getan wird, was getan werden soll. Das ist das Erstrahlen deiner göttlichen Kraft und Macht.

Alles, was du für egoistisch hältst, sind nur deine Vorstellungen. Es hat nichts damit zu tun, was wirklich ist. Deine wahre Macht anzunehmen heißt, so zu sein, wie du bist. Viel Wunderbares, was durch dich geschehen will, kann nicht seinen Ausdruck finden, wenn du es unterdrückst. Was glaubst du, warum du mit wundervollen Gaben ausgestattet bist, wenn nicht, um sie erstrahlen zu lassen in der gesunden Selbstverständlichkeit des Seins? Du bereicherst die Welt und die Menschen, wenn du deine natürliche Macht, deine speziellen, gottgegebenen Fähigkeiten lebst. Warum willst du dich weiterhin mit dem, was du bist, verstecken? Warum willst du dich nicht ermächtigen, das zu sein, was du bist, in deiner vollkommenen Größe? Warum willst du nicht das Göttliche durch dich erstrahlen lassen in deinem menschlichen Ausdruck? Wen willst du vor dir schonen, wenn nicht dich selbst? Wenn du den Mut hast, deine Verletzbarkeit zuzulassen und das geschehen zu lassen, was sich durch dich ausdrücken will, dann wird dir die Gnade Gottes zuteil, dich selbst und die Menschen um dich herum zu beschenken. Es wird dir die Gnade Gottes zuteil, in der Freiheit des Seins zu leben. Es wird dir die Gnade Gottes zuteil zu erkennen, daß deine Fähigkeiten, dein individueller Ausdruck, nur der unpersönliche Ausdruck des AllEinen ist. Es kehrt Frieden ein, denn du tust das, für das zu tun und zu sein du gekommen bist. Du läßt geschehen, was geschehen will, und erkennst die göttliche Macht, die durch alles wirkt. Du erkennst, daß es eine natürliche Macht und Autorität gibt.

Menschen, die sich in der Verweigerung der natürlichen Macht befinden, sind oft in ihrer Kindheit von autoritären, machtorientierten Menschen umgeben gewesen. Die Verweigerung, ihre gottgegebene Kraft und Macht anzunehmen und zu leben, ist oft eine Rebellion gegen ein Ungleichgewicht, was sie bei machtorientierten und mißbrauchenden Menschen erlebt haben. Es ist oft ein Protest gegen Strukturen der Familie oder der Gesellschaft, die als zu autoritär empfunden wurden. Doch falls du Macht und Autorität ablehnst: Erkenne; Verweigerung ist nur die andere Seite des Machtmißbrauchs und übersteigerter Autorität. Erkenne, weder die Verweigerung noch die Übertonung von Macht ist das natürliche Strahlen des AllEinen. Auch einer Identifizierung mit Macht und dem übersteigerten Ausdruck von Autorität liegt keine wahre, natürliche Macht zu Grunde. Es geschieht vielmehr aus der Angst heraus, nicht wichtig genug zu sein und nicht gesehen zu werden. Die Menschen, die sich zu wichtig nehmen, sich aufblasen und andere unterdrücken, ziehen oft jene an, die ihre eigene natürliche Macht und Autorität ablehnen. Letztere finden sich dann oft als Opfer machtbetonter Menschen wieder.

Wie kommt das zustande? Es gibt auf beiden Seiten dasselbe Thema. Die Menschen, die sich scheinbar nicht wichtig nehmen und nicht egoistisch sein wollen, haben Angst davor, selbst andere Menschen zu unterdrücken und ihre natürliche Autorität anzunehmen. Während die, die sich aufblasen, Angst davor haben, die Kontrolle über die Geschehnisse und über andere Menschen zu verlieren und sich hinzugeben. Beide Seiten sind in Vorstellungen und ihren Identifizierungen gefangen und nicht in der natürlichen Kraft des Seins. Beide Seiten befinden sich nicht in ihrem Gleichgewicht.

Es geht um das selbstverständliche Sein in der Macht des AllEinen. Es geht um die Bereitschaft, den göttlichen Willen durch sich wirken zu lassen. Dazu bist du weder zu klein noch zu groß. Es ist, wie es ist. Dazu bist du geboren. Das hat nichts damit zu tun, daß du besonders gut oder schlecht oder auserwählt bist. Es hat auch nichts mit Würdig oder Nichtwürdig zu tun. Dein "menschlicher" Wille, dich kleiner oder größer machen zu wollen, ist die Identifizierung mit einem scheinbaren Ego. Dein "menschlicher Wille" ist nicht wirklich von Bedeutung. Es geht darum, dich dem hinzugeben, was durch dich wirken will. Und wenn es dein Weg ist, viele Menschen anzuleiten, auch manchmal mit Strenge, dann ist das der Ausdruck, den die Vollkommenheit des Seins durch deinen Körper wählt. Und wenn du im Verborgenen, in deiner kleinen Familie, wirken sollst, dann ist das dein Weg, ob dir das zu klein und unbedeutend erscheint, oder nicht. Es gilt, die Vollkommenheit deines Lebens zu erkennen. Gib dich dem größeren Ganzen hin, um das geschehen zu lassen, was geschehen will. Wenn von dir verlangt wird, an eine breite Öffentlichkeit zu gehen, ob du es willst oder nicht, dann ist das dein Weg. Das hat nichts damit zu tun, daß du besonders toll bist. Genausowenig bist du besonders schlecht oder mit wenig Fähigkeiten ausgestattet, wenn sich dein Aufgabenbereich und dein Leben auf ein kleineres Feld beschränken. Nur mache dir nicht vor, daß das der Wille Gottes ist, wenn du dich auf einen kleineren Bereich aus Angst vor dem Leben, vor Verletzbarkeit und Unfähigkeit beschränkst. Denn wenn es andere Impulse gibt, die du aus deiner Angst heraus nicht geschehen läßt, dann ist und bleibt das nur Angst. Es ist nur die Weigerung, den wirklichen Impulsen zu folgen. Nenne es auch nicht die Hingabe an den Willen Gottes, wenn du dich aufbläst, um gesehen zu werden und du deshalb in einem großen Rahmen wirkst, wenn es darum geht, in aller Bescheidenheit im Hintergrund zu sein.

Es ist wichtig zu erkennen, daß das AllEine nicht an bestimmte Ausdrucksformen gebunden ist. Deine natürliche Macht und Autorität zu leben muß weder heißen, Menschen in einem großen Rahmen anzuleiten, noch in deiner Familie, in einem kleineren Umfeld, zu wirken. Du kannst in deiner natürlichen Macht genauso sein, wenn du ein Arbeiter oder Angestellter bist. Das Sein in der natürlichen Macht und Kraft ist jenseits von Hierarchien. Du lebst nur, was du bist. Ob du dich in einer unter - oder übergeordneten Position befindest, ist nicht von Bedeutung. Das ist nur die individuelle Form, die durch dein Leben geschieht. Es geht um die Kraft der Selbstermächtigung und um die tiefe Erkenntnis, daß du weder kleiner noch größer bist als ein anderer Mensch, egal wie berühmt, wie weise oder begabt er sein mag. Auf der anderen Seite ist es egal, wie klein, gedemütigt, erniedrigt, dumm und unfähig ein Mensch zu sein scheint: In ihm ist die Kraft des AllEinen. So gibt es nichts, wodurch du dich über andere erheben oder dich kleiner machen müßtest. Lebe die Selbstverständlichkeit der dir innewohnenden göttlichen Macht, indem du die Begrenzungen deiner Identifizierungen erkennst. Laß die natürliche Autorität des ICH BIN erstrahlen. Das ist eine natürliche Kraft, die so ist, wie sie ist.

Im Praktischen kann sich das so äußern, daß du ganz selbstverständlich das Leben lebst und das tust, was getan werden muß, Aufgaben übernimmst, wo sie übernommen werden sollen, dich in hierarchische Strukturen einfügst, wenn es sein soll, und Verantwortung übernimmst, wo es notwendig ist. Du erkennst die "Gleichheit" inmitten der hierarchischen Strukturen. Du erkennst die Freiheit, das EineSein hinter jeder Rolle. Selbst wenn du in hierarachischen Strukturen eine untergeordnete Position einnimmst, nimmst du dich niemals wirklich klein wahr. Du magst das System anerkennen und spielst diese Rolle, ohne dich kleinzumachen oder aufzublasen. Du bist dir der Vollkommenheit dieser Situation bewußt, in vollem Vertrauen auf das größere Ganze. Das Christusbewußtsein kennt, trotz hierarchischer Strukturen, die es in eurer Welt gibt, kein Oben und Unten. Es geht weder darum, alles in hierarchische Strukturen zu pressen, noch diese abzulehnen. Es geht um die Freiheit in und hinter all diesen Hierarchien. Da ist eine Freiheit, eine innere Freiheit in und hinter allem, was ist. Diese ist nicht von über- oder untergeordneten Positionen abhängig. Da ist die Freiheit des AllEinen, die Freiheit in dir hinter und in all diesen Strukturen. Es geht weder darum, nach Macht zu suchen, noch sie abzulehnen. Es geht um den inneren Frieden, um wahre Freiheit und nicht darum, hierarchische Strukturen auflösen oder an ihnen festzuhalten. Alles ist möglich. Doch nichts ist notwendig.

Immer mehr Menschen werden in ihrer natürlichen Macht, der Kraft des AllEinen, erstrahlen. Einige werden in Positionen geführt, wo sie große Verantwortung haben. Sie dienen dem AllEinen. Viele Menschen können den Dienst anderer nicht erkennen, weil sie sich an Äußerlichkeiten aufhalten und glauben, daß jemand nur nach dem Willen Gottes handelt, wenn er gütig und sanft ist. Jemand, der streng ist, Anordnungen gibt und nicht alles in Harmonie und Frieden löst, scheint ihnen nicht mit der Kraft des AllEinen verbunden zu sein. Die Zeit ist gekommen, jenseits von Urteil und Wertung die allumfassende Liebe zu finden.

Es ist auch die Zeit, in der sich neue Strukturen formen. Es ist die Zeit, in der auch Menschen, die im Bewußtsein des Einen Christus leben, wichtige Positionen bekleiden werden, weil ihnen immer mehr Gehör geschenkt werden wird. Es wird erkannt, daß wahre Freiheit nur in innerem Frieden, in der Freiheit des Seins, gefunden werden kann. Immer mehr Menschen dürsten nach Antworten durch Menschen, die in der Freiheit des Seins sind, um sie dann in sich selbst finden zu können.

So ist auch die Zeit gekommen, daß immer mehr "Weise", die im Gewahrsein wahrer Liebe leben, in den vordersten Reihen wirken werden. Doch das liegt noch etwas in der Zukunft und ist dem ansteigenden, wachsenden Bewußtsein der Menschen angepaßt. Es ist eine Frage der Resonanz, denn die Kollektivenergie der Erde und der Menschheit erhebt sich und ruft auch nach Menschen in leitenden Positionen, die in wahrer Liebe und Weisheit führen können.

Doch möchte ich davor warnen, die Menschen, die sich in mächtigen Positionen befinden und nicht aus dem Gewahrsein des AllEinen zu handeln scheinen, zu verurteilen. Auch sie spielen nur die Rollen, die gespielt werden müssen. Denn auch sie sind Ausdruck des AllEinen und nichts anderes als Liebe. Jeder spielt seine Rolle in diesem Spiel. Es gibt Menschen, die im Christusbewußtsein leben und nicht als solche erkannt werden, denn sie sind bereit, auch schwere Aufgaben zu übernehmen, die nicht nur die Sympathien und Zuneigungen anderer

Menschen erwecken und auf der offensichtlichen Ebene nicht Licht und Liebe zu bringen scheinen. Dem AllEinen zu dienen bedeutet nicht nur, äußere Harmonie und Frieden zu suchen. Es gab auch Politiker, die, bevor sie in den Krieg gingen, sich verzweifelt an Gott wandten und um Hilfe beteten, weil sie genauso wenig den Krieg wollten wie viele andere auch. Manche von ihnen wollten Frieden und Liebe bringen. Und doch war das, was geschehen sollte, diese Kriege zu führen. Sie mußten all den Schmerz und das Leid sehen, all die Tode, die Verzweiflung, die "ihre Entscheidung" verursacht hatte. Sie mußten die Verachtung vieler Menschen aushalten, weil sie diese schwere Entscheidung getroffen hatten. Es war jedoch das, was geschehen sollte.

Auch Kollektivenergien haben diese Kriege verursacht. Es war und ist niemals wirklich in der Hand eines einzelnen „schlechten" Menschen. Stell einmal das, was du mit Macht im Guten wie im Schlechten verbindest, in Frage. Sieh die unendliche Liebe hinter dem Machtmißbrauch, hinter den Tätern und den Opfern. Sieh die Liebe überall. Das heißt nicht, daß ich Mord und Krieg befürworte. Das heißt nicht, daß ich auf der Seite von Brutalität und Machtmißbrauch stehe und diese beschönigen will. Alles andere als das ist der Fall. Ich spreche zu dir, um deine Vorstellungen zu erweitern, um jenseits deiner Vorstellungen dein Herz zu berühren, damit du die Liebe in allem erkennst, und um deine wahre, dir gottgegebene Macht, die Kraft des ICH BIN, zu erwecken. Das ICH BIN ist der selbstverständliche, natürliche Ausdruck des AllEinen in einem menschlichen Körper. Laß die Anhaftungen an deine Vorstellungen in bezug auf Macht und Autorität gehen.

Wenn ich hier von "Gehenlassen" der Identifizierungen mit deinen Vorstellungen und Erwartungen spreche, dann meine ich, nicht gegen sie zu kämpfen oder sie zu verurteilen und zu unterdrücken. An deinen Vorstellungen und Gedanken von Macht und Autorität ist nichts falsch. Öffne dich dem Größeren, dem, was dahinter liegt und durch dich geschehen will. Wenn du dich aufpustest und die Macht des AllEinen nicht anerkennst, dann erzeugst du Schmerz. Immer wieder wirst du erniedrigt werden, um zu erkennen, daß deine Vorstellungen von dir selbst und deiner Macht überzogen sind. Du wirst gedemütigt, wenn du dich aufpustest und dich auf eine größenwahnsinnige Art und Weise für Gott hältst. Du wirst gedemütigt, um zu erkennen, daß die AllMacht in der Hand des AllEinen liegt und nicht bei dir. Es geht darum zu erkennen, daß nichts wirklich in einer persönlichen Hand liegt und es nichts "Persönliches" gibt. Es will die Begrenzung deiner Identifizierung mit Gedanken, Gefühlen und Handlungen in Liebe erkannt werden, um dich dem größeren Ganzen anzuvertrauen und dich in ihm aufzulösen. Wenn du in der selbstverständlichen Kraft und Macht des ICH BIN erstrahlst, endet Manipulation, und du läßt anderen die Freiheit zu sein wie sie sind. Du gibst ihnen auch die Möglichkeit, selbst ihre Freiheit zu erkennen. Wenn du dich kleiner oder größer machst, geschieht Manipulation. Du versuchst das, was ist, zu verändern und läßt es nicht so sein, wie es ist. Das, was ist, scheint nicht vollkommen zu sein und wird in die Richtung deiner Erwartungen verändert. Das ist nichts anders als Manipulation des natürlichen göttlichen Ausdrucks.

Es ist auch Manipulation, anderen Menschen ein bestimmtes Bild von dir vermitteln zu wollen, zum Beispiel ein guter und selbstloser oder mächtiger und starker Mensch zu sein. Du hast ein Ziel, eine Ausrichtung. Es bekommt einen Zweck und eine Absicht. Du willst auf eine bestimmte Art gesehen werden und dich selbst sehen. Die natürliche Macht des ICH BIN erstrahlt aber selbstverständlich. In diesem Bewußtsein ist es dir egal, wie du gesehen wirst. Du hast kein Bild von dir und auch kein Bild, wie du für andere erscheinen möchtest. Es ist nicht mehr von Bedeutung. Du spürst die Vollkommenheit dessen, was sich durch dich ausdrücken und geschehen will. Du bist so, wie du bist, in jedem Moment neu. In dem Gewahrsein des All-Einen spielt es keine Rolle, welche Form des Ausdrucks geschieht. Es ist auch nicht mehr von Bedeutung, was über dich gedacht, wie über dich geurteilt oder was auf dich projiziert wird. Du siehst, daß in Wahrheit nichts besser oder schlechter ist. Macht und Ohnmacht sind zwei Seiten derselben Medaille. Beides beinhaltet ein Ungleichgewicht und das Nichterkennen der dir selbstverständlichen, innewohnenden Kraft des ICH BIN. In dem Bewußtsein des ICH BIN gibt es weder Macht noch Ohnmacht. Ohnmacht und Machtmißbrauch lösen sich in dem Bewußtsein des ICH BIN auf. Die göttliche Macht wurde anerkannt, Hingabe an diese geschah.

Ermächtige dich, das ICH BIN zu leben, das zu sein, was du bist.

Schau dir das Thema Macht und deine damit verbundenen Bilder, Vorstellungen, Gefühle und Gedanken an. Erkenne deine Identifizierungen und gib dich der Allmacht des AllEinen hin. In der Selbstverständlichkeit des ICH BIN werden weder die Strukturen der Macht abgelehnt, noch an ihnen gehaftet. Du bewegst dich in einer Selbstverständlichkeit in all den Strukturen und läßt dich weder von Machtmißbrauch noch von Ohnmacht oder Hilflosigkeit beängstigen. Du lebst die Selbstverständlichkeit des Seins auch inmitten hierarchischer Strukturen, weil du die Freiheit in dir erkannt hast. Wahre Freiheit ist nicht abhängig von freien Strukturen. Sie ist auch inmitten begrenzter Strukturen und Formen. Es geht um die Freiheit des ICH BIN. Da gibt es niemanden mehr, der sich wirklich unterdrückt oder schlecht behandelt fühlen könnte.

Die letzten Generationen nahmen sehr konträre Pole der Macht und Autorität ein. So gibt es einerseits eine Generation mit überwiegend strengen, autoritären und von Angst geprägten Strukturen, und andererseits das Aufbegehren der nachkommenden Generation gegen die Enge der oft sinnlosen Strukturen von Autorität und Macht. Zuerst erschien die Generation mit Strukturen der Strenge und Enge und des Zwangs, sich ein- und unterzuordnen in Regeln und Strukturen der Macht.

Dem folgte eine Generation, die all diese Grenzen sprengen und keine Regeln und hierarchische Strukturen mehr akzeptieren wollte. In dem Identifiziertsein mit dem einen oder dem anderen Extrem liegt Unfreiheit. Weder nur das eine noch nur das andere ist richtig. Alles hat in der Ausgewogenheit seinen Sinn und seinen Nutzen.

Jetzt geht es jedoch um eine Freiheit, die die gemeinsame Quelle hinter allen Extremen erkennt und dennoch die Unterschiedlichkeit der Menschen, ihrer Aufgaben und die Natürlichkeit der wahren Autorität und Macht anerkennt. Es haben nun einmal Menschen in bestimmten Bereichen Fähigkeiten und andere nicht. Der eine kann vom anderen etwas lernen. Kinder sind Kinder und keine Erwachsenen. Ein Chef trägt die Verantwortung für sein Unternehmen und nicht der Angestellte. Diese Strukturen machen zu eurer Zeit Sinn. Es geht nur um die Freiheit, die in der Erkenntnis des AllEinen liegt. Laß die natürliche Kraft des ICH BIN in der Selbstverständlichkeit des Seins erstrahlen. Sieh deiner Angst vor einem möglichen "Mißbrauch deiner Macht" genauso in die Augen, wie deiner Angst, mißbraucht zu werden. Laß die Angst da sein, laß sie geschehen. Sie wird auf Dauer nicht das Erstrahlen der natürlichen Macht des ICH BIN jenseits von Machtmißbrauch und persönlichem Wollen verhindern können.

Nimm die wahre Macht, das Bewußtsein des AllEinen, an. Selbst wenn du einmal deine Macht mißbrauchst, habe trotzdem den Mut, deinen Weg zu gehen. Egoismus und Machtmißbrauch sind ebenso menschlich, wie ein Opfer von Machtmißbrauch zu sein. Laß dich durch deine Angst nicht aufhalten, die wahre Macht zu leben. Sei wie ein Kind, das übt und "Fehler" macht, wenn es etwas neu erlernt. Du probierst aus und machst "Fehler". Das ist in Ordnung. Um das ICH BIN in seiner Selbstverständlichkeit zu leben, gilt es, all die menschlichen Unvollkommenheiten zu lieben. Du brauchst den Mut zur Unvollkommenheit, damit die vollkommene Kraft des ICH BIN erstrahlen kann. Du übergibst deine Ängste der Macht Gottes und lebst das, was du bist, egal wie du oder jemand anders das beurteilt. Glaub mir, es ist unumgänglich, um im Bewußtsein des ICH BIN zu erwachen, mit den menschlichen "Unzulänglichkeiten" in Liebe zu sein und den Mut zu haben, ein "fehlbarer" Mensch zu sein.

Habe den Mut, das zu leben, was sich durch dich ausdrükken will. Habe den Mut, deinen Weg voller Kraft zu gehen. Habe den Mut, dich dem zu öffnen, das geschehen zu lassen, was jenseits deiner Erwartungen an dich und das Leben ist. Habe den Mut, "unperfekt" zu sein in dem Gewahrsein dessen, daß du wie alles nur das AllEine und bereits das Vollkommene bist. Steige hinab in vollem Glanze des AllEinen in die menschliche Welt. Liebe die menschliche Welt mit all ihren Erscheinungsformen so, wie sind, auch die der Macht und der Autorität. Habe den Mut, die Allmacht Gottes in deinem menschlichen Leben überall zu erkennen. Habe den Mut, die Welt so, wie sie ist, zu lieben und ihr deinen Beitrag zu schenken. Jetzt! Jetzt erstrahlt die natürliche Macht des ICH BIN durch dich. Wiederhole folgende Worte:

ICH BIN, die/der ICH BIN.
Ich gebe mich der göttlichen Macht des AllEinen hin.
Ich erstrahle im Bewußtsein des ICH BIN.
Ich habe den Mut, in aller Menschlichkeit
Ausdruck
des AllEinen zu sein.
ICH BIN das AllEine.
Ich erstrahle in der Kraft des AllEinen.
Amen.

Autorität und Macht II

Menschen im Bewußtsein des Christus sind in der natürlichen Autorität des ICH BIN.

Als Jesus war ich von Jüngern und Schülern umgeben. Das geschah, weil ich im Bewußtsein des ICH BIN, des Einen Christus, lebte. Manche Menschen konnten das Bewußtsein der unendlichen Liebe in mir erkennen. Weil sie sich selbst auch danach sehnten, sahen sie mich als ihren Lehrer. Sie wollten die Bewußtheit des ICH BIN durch mich erkennen und finden. Sie waren bewegt von dem Wunsch, ihr Leben nur dem AllEinen zu widmen. Es gab einige, die danach dürsteten, im Gewahrsein des AllMächtigen zu sein. Auch wenn sie meine Jünger und Schüler wurden, war das nur die Entscheidung, ihr Leben dem AllEinen zu widmen. Auch wenn sie es an der "Person Jesus" festgemacht haben, ging es niemals wirklich um eine einzelne Person namens Jesus.

Da ich die Gestalt eines menschlichen Körpers annahm, war ich für die Menschen eine handfeste, greifbare Brücke, um sie zu dem Gewahrsein des AllEinen, zu unendlicher Liebe, zu führen und sie ihr wahres Sein erkennen zu lassen. Doch war ich niemals etwas, was sie nicht waren. Denn das Göttliche, das AllEine, ist zu jeder Zeit und überall.

Ihr Menschen seid so sehr in dem Bewußtsein des Mangels verankert, daß ihr glaubt, jemand anderes könnte etwas haben, was euch fehlt.

Viele Menschen glauben, daß ich etwas Besonderes war und etwas hatte, was ihr nicht habt und seid. Auf der Ebene der Erscheinungen gab es etwas, was viele Menschen nicht hatten. Das war aber nur das vollkommene Vertrauen in die Allgegenwärtigkeit des AllEinen. Ich erkannte die vollkommene Liebe in allem. Das war der einzige Unterschied. In

Wahrheit hatte ich nie etwas, was euch fehlt. In Wahrheit sind wir alle nur das unendliche Bewußtsein, die Vollkommenheit selbst. Nur durch den Glauben, daß dir etwas fehlen könnte, verhinderst du, das Vollkommene zu erkennen und im Bewußtsein des ICH BIN zu sein. Ihr sucht zu viel außerhalb von euch, anstatt die Vollkommenheit, den Christus, in euch selbst zu finden. Ich war und bin nur eine Reflektion. Der Christus, die vollkommene Liebe, ist und lebt in dir. Wenn du glaubst, nach etwas streben und etwas finden zu müssen, das dir fehlt, dann verhinderst du jetzt, die Vollkommenheit in dir zu finden. Du verhinderst den Frieden in dir, weil du glaubst, daß dir etwas fehlt, was es zu erlangen gilt, um in dem Bewußtsein des AllEinen erstrahlen zu können. Es ist absurd, wie ihr euch selbst klein macht und eure natürliche Macht, die Macht des ICH BIN, ablehnt. Es ist absurd, deine Macht abzugeben und dich klein zu machen, weil du glaubst, daß dir etwas fehlt. Das ist falsch verstandene Demut. Wahre Demut und Hingabe erkennt in allem nur die Quelle allen Seins.

Was macht es für einen Sinn, mich immer noch weiter in den Himmel zu heben, wo ich als "Person Jesus" fern eures jetzigen Lebens bin, anstatt den Christus in euch selbst zu finden? Damit möchte ich nicht sagen, daß es nicht hilfreich sein kann, zu "Gott", zur "göttlichen Mutter", zu "mir", oder den "Engeln" zu beten und um unsere Unterstützung und Hilfe zu bitten. Ich möchte euch nur aufzeigen, daß ihr nicht so weit weg und so "hoch" über euch suchen müßt.

Weil ich jetzt nicht mehr ein Mensch mit Ecken und Kanten bin, ist es leicht, mich anzubeten, denn ihr seid nicht mit den Menschlichkeiten, die ich auch als Jesus hatte, konfrontiert. Ich war auf der menschlichen Ebene auch ein Mensch mit Gedanken und Gefühlen.

Als ich inkarniert war, fiel es den Menschen viel schwerer, mich zu lieben und die Größe meines Auftrags zu erkennen. Es gab meine Menschlichkeiten, an denen man Abneigungen, Zuneigungen und Zweifel festmachen und projizieren konnte. Hier war Wachsamkeit gefragt, um die Kraft des AllEinen, die durch mich wirkte, auch hinter meinen Menschlichkeiten zu erkennen. So ist es einfach, alles "Perfekte" auf etwas, was keine Formen, Ecken und Kanten hat, zu projizieren. Menschen, die im Bewußtsein des Christus leben, sind auf der menschlichen Ebene fehlbar und menschlich wie alles andere auch.

Es gilt für die Menschen, die durch sie lernen, sich über die menschliche Ebene hinwegzusetzen und das Gewahrsein des AllEinen dahinter zu erkennen. Auf der anderen Seite gilt es auch, sie nicht zu verherrlichen. Sie geben dir die Möglichkeit zu erkennen, daß sie nichts anderes sind als du. Der Unterschied ist nur, daß sie sich der Quelle, des AllEinen, bewußt sind, was auch du immer wieder erfährst und dann wieder zu verlieren scheinst. Das, was du bist, ist dasselbe. Es ist dieselbe Quelle. Wir sind alle dasselbe, wir sind alle das EineSein inmitten all der Unterschiede.

Es gibt eine Tendenz in euch, den Menschlichkeiten der Erde entfliehen zu wollen. So wird ein hochheiliges, unantastbares Bild erschaffen. Ihr sucht immer nach dem Besonderen, nach besonderem Licht und nach Gotteserfahrungen und nach der Erkenntnis, die euch nur besondere Menschen bringen können.

Ich möchte betonen, daß in der Menschlichkeit deines Lebens sich in aller Einfachheit die Allmacht Gottes offenbart. Wenn es wirklich dein tiefstes Sehnen ist, den Christus in allem zu finden und in dem Bewußtsein des ICH BIN zu erstrahlen, dann suche nicht weit entfernt von deinem Leben.

Warte nicht auf überwältigende Wahrnehmungen und Gotteserfahrungen. Das ist alles nicht so exklusiv und besonders, wie du es dir vorstellst. Es liegt in der Einfachheit. Es ist in jedem Moment in deinem Leben. Finde den Christus in den Menschen, die dir täglich begegnen. Finde die Vollkommenheit in deinem alltäglichen Leben. Erkenne die Liebe in deinen Mitmenschen und die Vollkommenheit deines Lebens in jedem Moment. Warum nach den Sternen greifen, wenn der Stern bereits in dir in seiner Vollkommenheit leuchtet? Er ist bereits in all den Situationen deines Lebens.

Ich möchte dich immer wieder ins Leben führen. Ich möchte dir die Fülle in dir und in deinem Leben aufzeigen, damit du sie erkennen kannst. Wo fliehst du vor dem Leben, indem du Aufgestiegene Meister, Gott oder einen menschlichen Lehrer verherrlichst, damit du dich nicht mit den Menschen auseinandersetzen mußt?

Es gibt auch kein Ziel, das es zu erreichen gilt. Du bist bereits das, was du suchst. Du bist das ICH BIN, jetzt. Nimm deine wahre Macht, die göttliche Kraft an. Kehre zu dir selbst zurück und finde den Christus in dir, in deiner Arbeit, in den Menschen, in deinem Leben, in allem, was ist. Das ist die gelebte Kraft des AllEinen. Das ist die wahre Kraft des ICH BIN, - selbstverständlich auf Erden zu wandeln in der Liebe zu allem, was ist.

Es ist eure Aufgabe zu erkennen, daß die Liebe, die Quelle, das, was du bist, überall ist. Nichts, was nicht von dem Bewußtsein des AllEinen durchdrungen ist. So kannst du es überall finden, besonders in den menschlichen Erscheinungen. Ich spreche zu dir, um dich auf die Liebe in dir und deinem Leben und in allem, was ist, aufmerksam zu machen. Ich möchte euch auf die gemeinsame Quelle aller Erscheinungsformen hinweisen und euch die Liebe für alle menschlichen

Unterschiedlichkeiten erkennen lassen. Jetzt ist dein Leben!

Nimm die "Gottesbilder" zu dir zurück, um die Macht des AllEinen in dir und in allem zu erkennen. Das ist die wahre Macht. Was glaubst du, was die Worte die "Allmacht Gottes", bedeuten? Das heißt, daß es nichts außer Gott, dem AllEinen, gibt. Es heißt, daß es keine getrennte individuelle Macht gibt. Hinter der Vielfalt menschlicher Erscheinungen, hinter aller Unterschiedlichkeit, gibt es nur die eine Macht, die Allmacht Gottes. Das ist die gemeinsame Quelle aller Menschen inmitten aller Unterschiedlichkeit. Erkenne die Macht des AllEinen. Erkenne, daß es nichts außer ihr gibt. Erkenne, daß diese vollkommene Kraft, das unendliche Bewußtsein, in deinem Körper lebt, daß du die Vollkommenheit des AllEinen bist. Erstrahle in der Kraft des ICH BIN. Amen.

„Am Anfang war das Wort, und das Wort war bei Gott“

Eine der vielen Aussagen dieser Worte weist daraufhin, daß vor jedem Wort die Einheit Gottes erstrahlt. Die AllMacht Gottes hat keine Worte. Die Allmacht Gottes ist. Aus ihr heraus können sich Worte formen. Die Vollkommenheit des All-Einen liegt hinter den Worten. Sie ist in der Stille zu finden. Sie ist zu finden, wenn du deine Vorstellungen, die Ebene der Worte und der Begriffe verläßt, wenn du dich öffnest für das, was ist. Die Stille jenseits von Worten, jenseits menschlicher Begriffe, läßt dich die Allmacht Gottes erkennen. Du kannst das AllEine nicht durch Worte und nicht über den Verstand begreifen. Es wird dir geschenkt, wenn du dein Herz öffnest, wenn du so bist, wie du bist. Der Ebene des Verstehens durch Worte und Beschreibungen, der Ebene der Vorstellungen und Gedanken, sind Grenzen gesetzt.

Vielleicht erinnerst du dich an Menschen, die sich nach deiner Bewertung nicht richtig verhalten haben. Auf der Ebene des Verstandes und des Urteils würdest du dich vielleicht von ihnen entfernen und sie ablehnen. Doch hast du nicht immer wieder erfahren, daß es etwas gibt, was einfach liebt, entgegen aller Logik, auch entgegen deines Urteils?

Da gibt es eine Kraft, die größer ist als alle Erwartungen und Zweifel, als deine Gedanken und Gefühle. Es ist die Liebe, die alle Hürden und Grenzen überwindet. Vieles ist in deinem Leben geschehen, was zu groß war, als daß du es hättest verstehen und begreifen können. Egal, wie sehr du dich bemühtest, das in Worte, in Gedanken und Erklärungen zu pressen, es war und ist nicht möglich, das AllEine allumfassend zu beschreiben und über den Verstand zu erfassen. Die Kraft des

AllEinen ist nicht vom Verstand, von Worten und Gedanken zu kontrollieren. Auf der Ebene der Worte, der Beschreibungen, ist das AllEine nicht zu erkennen. So gibt es unendlich viele Interpretationen und Variationen des Göttlichen, meiner Worte und meiner Geschichte. Auch diese Beschreibungen hier sind nur Worte.

Ich möchte nicht neue Geschichten verbreiten oder alte bestätigen. Vielmehr möchte ich dich erkennen lassen, daß die Wahrheit bei "Gott", jenseits des Beschreibbaren, in der Unendlichkeit liegt. Ich möchte dich ermuntern, jetzt den Christus in dir zu finden und in Gott zu erwachen.

„Am Anfang war das Wort, und das Wort war bei Gott.“ - Das Wort – auch als Synonym für Gedanken, für den Verstand, für menschliche Erscheinungen – ist nicht unabhängig oder getrennt von Gott. Die Ebene der Worte, der Gedanken, der menschlichen Erscheinungen ist nicht das Absolute. Die Quelle liegt dahinter. Aus ihr entstehen die Gedanken und die Worte. Aus ihr wird ein Körper geboren und stirbt. So bist du auch nicht deine Gedanken, deine Worte oder dein Körper. Du bist die Quelle selbst. Durch deinen Körper, durch Gedanken und Gefühle findet das AllEine seinen Ausdruck. Gott, das ist die Ewigkeit, unendliches Bewußtsein, die Quelle selbst. Das ist jenseits von Zeit, jenseits von Form. Das ist Bewußtsein in allem, was ist. - Am Anfang war das Wort. Das bedeutet auch, daß mit dem Wort Form und Zeit, die menschlichen Erscheinungen und Gedanken und Gefühle beginnen. Das ist auch der Anfang von Dualität und Zeit. Doch die Quelle ist jenseits der Worte, jenseits der Gefühle und Gedanken, jenseits des Verstehens, jenseits des menschlichen Körpers. Etwas Einzelnem, das als Absolutum gilt, solltest du nicht deinen Glauben schenken. Erkenne, daß eine einzelne Vorstellung, Gedanken und Gefühle, nicht allumfassend sind.

Löse dich von der Identifizierung mit deinen Gedanken und Erwartungen, auch mit der Identifizierung der Meinungen und Erkenntnisse anderer Menschen. Gib dich dem größeren Ganzen, dem AllEinen, hin und erkenne die Grenzen der Worte und Gedanken. Es geht dabei um eine Erhebung des Bewußtseins. Bis jetzt waren die Menschen in der Regel mit ihren Gedanken und Gefühlen, mit einem getrennten Ich identifiziert und hielten das für die Welt. Jetzt geht es darum, deine Aufmerksamkeit hinter all diese Gedanken und Gefühle zu lenken, indem du etwas einzelnes Getrenntes nicht mehr für das Alleingültige hältst und den Vorstellungen der Trennung keinen Glauben mehr schenkst, sondern die Quelle, das, was du in Wahrheit bist, erkennst.

Die Menschheit hat sich lange Zeit mit etwas identifiziert, was sie in Wahrheit niemals war. Das mag beängstigend klingen. Doch was könnte sicherer sein, als dein wahres Zuhause, die Ewigkeit, das Unzerstörbare, zu finden? Ihr seid mit Vorstellungen, Gedanken, Gefühlen und eurem Körper identifiziert. Ihr hieltet es für die Allmacht, für die Wahrheit.

Ich sage euch jetzt, daß ihr das nicht seid. Ihr habt euch in der Verdichtung der Dualität mit einem einzelnen Ausdruck, mit den Erscheinungen, identifiziert und dabei verleugnet, daß ihr die Quelle selbst seid. Ihr habt die Allmacht Gottes versucht, in die Dualität zu ziehen und all die Erscheinungen für wahr gehalten. Das ist nur die Ebene der Dualität und das Vergessen, daß ihr die Quelle selbst seid.

Jetzt geht es darum, die Identifizierungen zu lösen, indem du dir dessen, was du in Wahrheit bereits bist, bewußt wirst. Das ist das Verlassen des Gefangenseins in der Dualität. Plötzlich siehst du durch die Dinge hindurch den Ursprung, die Quelle, aus der sie entstanden sind. Du siehst die unendliche Freiheit hinter all den Erscheinungen in der Dualität. Du brauchst sie nicht verändern. Du nimmst sie an so, wie sie sind, weil du die Quelle erkannt hast und im Sein erstrahlst. Die Mißidentifizierungen und die Befreiung daraus mögen dir im ersten Moment schwer verständlich sein. Das Durchschreiten der Mißidentifizierung bedeutet, die Identifizierung mit Gedanken, die Ebene des Verstehens und der Worte zu verlassen. Es beinhaltet die Hingabe an das große Ganze. Es beinhaltet das tiefe innere Wissen, daß deine Gedanken und Gefühle als Mensch begrenzt sind. In Sicherheit und in der Geborgenheit der Ewigkeit bist du dann, wenn du dich der Liebe anvertraust und hingibst. Du übergibst dein "scheinbar kleines menschliches Ich" dem AllEinen. Das schenkt dir den unendlichen Frieden des Seins, die Geborgenheit in unendlicher Liebe. Solange diese Mißidentifizierung immer wieder genährt wird, ist es nicht möglich, das AllEine zu erkennen. Die Identifizierungen mit einem Körper, mit Gedanken, Gefühlen, Vorstellungen und Erwartungen halten dich im Leiden gefangen. Sie können und werden niemals das AllEine begreifen und in eine festumrissene Form bringen. Du kannst es nicht in dein Bewertungssystem pressen, damit du es unter Kontrolle hast. Du mußt deine Identifizierung mit Gedanken und Vorstellungen dem Größeren hingeben. Sie sind nicht allumfassend und nicht die Ewigkeit. Sie sind Erscheinungen auf der Ebene von Form und Zeit. Sie kommen und gehen und sind nur ein vorübergehender Ausdruck des AllEinen. Sie sind ein einzelner Tropfen des Ozeans.

Wie kannst du den Ozean in einen einzelnen Tropfen pressen wollen? Doch du kannst den einzelnen Tropfen in den Ozean geben, wo er zu Hause und Teil der Quelle des AllEinen ist. Es funktioniert nicht anders. Es ist das Bestreben der Menschen, alles unter Kontrolle haben zu wollen. Da gibt es etwas, was nicht von den Menschen zu kontrollieren, nicht in eine Form zu pressen und nicht zu beherrschen ist. Ihr stoßt immer wieder an die Grenzen eurer "persönlichen" Macht, die ihr glaubt zu haben. Es ist nicht in deiner Hand. Du bist nur der Tropfen des Ozeans, ein Teil der Quelle, der selbst die Quelle, der Ozean, ist.

Wo schenkst du deinen Vorstellungen, Erwartungen, Gedanken und Gefühlen deinen Glauben? Wo schenkst du anderen Menschen und deren Vorstellungen deinen Glauben? Wo schenkst du Büchern, der Bibel, Religionsführern oder anderen "Autoritäten" deinen Glauben? Wo glaubst du, daß etwas die absolute Wahrheit ist? Das sind alles nur Erscheinungen. Löse dich von dem, wie Menschen sich die Welt erklären. Laß diese Vorstellungen erscheinen, doch höre auf, dich damit zu identifizieren und öffne dich der Quelle selbst. Sei voller Vertrauen und Hingabe im Gewahrsein der Vollkommenheit, die alles beinhaltet. Jetzt ist die Zeit gekommen zu erkennen, daß du selbst die Quelle bist. Die Zeit des Sterbenlassens von Identifizierungen ist gekommen. Das, was du bist, umfaßt alles. Es ist jenseits von Dualität. Das ist der Aufstieg, die Erhöhung des Bewußtseins, dich nicht mehr mit einem persönlichen Selbst oder einem Körper zu identifizieren, sondern dich dem AllEinen hinzugeben. Das Leben mit Gefühlen und Gedanken geht weiter seinen Gang. Das ist menschlich und in der Information des menschlichen Körpers. Doch die Identifizierung mit ihnen hört auf. Gefühle und Gedanken erscheinen, sie dürfen sein. Sie sind. Doch du bist dir des unendlichen Bewußtseins gewahr, und das ICH BIN erstrahlt. Das ist alles. Die menschliche Ebene ist so, wie sie ist. Es geht um die Auflösung der Mißidentifizierung. Es geht um Erkenntnis, um die Erhebung deines Bewußtseins. Mit der Erhebung des Bewußtseins ist zwar eine Loslösung von der Dualität insofern einhergehend, daß du dort nicht verhaftet bist, das heißt aber nicht, daß nicht dein menschliches Leben mit Gefühlen und Gedanken weitergeht.

Immer wieder möchte ich auf eines der größten Mißverständnisse hinweisen: Die Erhebung aus der Dualität, das Gewahrsein des unendlichen Bewußtseins, ist nicht damit einhergehend, dich aus den Menschlichkeiten zu erheben, sie abzulehnen und sie nicht mehr geschehen zu lassen. Die Erhebung des Bewußtseins geschieht von selbst durch das Erkennen des Christus in allem. Es ist die Erkenntnis des AllEinen inmitten all der Menschlichkeiten.

Das Gewahrsein des AllEinen führt dich bewußt in das Leben, um den Dienst deines Körpers, deines Lebens zu erfüllen. Das heißt nicht, daß du dann unfehlbar bist. Du wirst auch weiterhin kritisiert. Viele erkennen die Freiheit in dir nicht. Das ist völlig unbedeutend. Im Gewahrsein des AllEinen ist es für dich nicht wirklich von Bedeutung, ob du verstanden wirst oder ob du Anerkennung bekommst. Du tust das, was du tun sollst, denn du bist dir der Liebe des AllEinen sicher und gewahr. Trotzdem kannst du dich einmal zurückgewiesen fühlen und dir mehr Anerkennung wünschen. Dennoch läßt du unbeirrt das geschehen, was geschehen soll. Denn du bist dir immer der Liebe des AllEinen bewußt, lebst dein Leben und erfüllst deinen Dienst in aller Menschlichkeit.

Auf der Ebene der Menschlichkeit wird es immer etwas zu bezweifeln und immer zwei Seiten einer Medaille geben. Erkenne die Grenzen der Dualität und dein wahres Sein in unendlicher Liebe. Dann kannst du dich wahrhaftig frei auf Erden bewegen. Traue dich, das zu sein und das zu äußern, was du bist. Nichts ist auf der Ebene der Dualität wirklich richtig oder falsch. Alles ist in Frage zu stellen. Laß das geschehen, wozu du gekommen bist. Auf der menschlichen Ebene wirst du immer kritisierbar sein, egal was du tust und wie du bist.

Dort wird es immer Zweifel geben. Wenn du das erkennst eröffnet sich dir die Freiheit, das zu tun, was du tun sollst, ungeachtet dessen, wie es bewertet wird. Du machst dich nicht mehr davon abhängig, geliebt zu werden und Anerkennung zu bekommen. Du glaubst nicht mehr, perfekt sein zu müssen. Du tust das, was du tun sollst, in aller Menschlichkeit.

Die Angst, für deine Fehlbarkeit bestraft und verletzt zu werden, verliert ihre Kraft. Kein Zweifel, kein Urteil, kein "Fehler" kann die Vollkommenheit dessen, was ist, das, was du in Wahrheit bist, mindern.

So, *Am Anfang war das Wort.* Das ist die Ebene der Erscheinungen. Es ist der Beginn von Zeit. Diese Ebene ist dir vertraut. Jetzt gilt es, die Quelle, aus der die Worte, dein Körper und auch Gedanken und Gefühlen entstehen, in dir zu erkennen. Jetzt geht es darum, dein Leben zu lieben so, wie es ist. („Am Anfang war das Wort, und das Wort war bei Gott.") Dieses Bild, diese Erkenntnis, ist der Weg zurück zur Erkenntnis, daß die Quelle, unendliches Bewußtsein, das ist, was du in Wahrheit bist. Gehe in Frieden den Weg, den du zu gehen gekommen bist, und laß in Frieden die Gegenwart des ICH BIN in der Dualität deines alltäglichen Lebens erstrahlen. Amen.

Das Leben als Mensch

Das Leben in einem menschlichen Körper ist nicht einfach, besonders dann nicht wenn du mit deinem Körper identifiziert bist, wenn du gefangen bist in den Verstrickungen des Lebens. Das größte Leiden, das ihr als Menschen erfahrt, liegt in dem Vergessen dessen, was du bist, der Christus in allem. Das heißt nicht, daß auch ich im Gewahrsein des Christus, der Liebe in allem, nicht auch Schmerz, nicht auch Traurigkeit, nicht auch viele Schwierigkeiten erfuhr.

Ich sage dies mit aller Ausdrücklichkeit, denn viele glauben, daß das Gewahrsein des Christus einhergehend ist mit ständiger Glückseligkeit. Das ist ein Mißverständnis. Ich möchte betonen, daß sich die Wahrnehmung der menschlichen Ebene durch das Bewußtsein des Christus zwar verändert, doch das Zentrale ist nicht die Veränderung und Perfektionierung der menschlichen Ebene, sondern die Erhebung des Bewußtseins durch das Erkennen, was du in Wahrheit bist.

Du gelangst im Christusbewußtsein in eine Freiheit, die unabhängig von Bedingungen ist. Dennoch drückt sie sich menschlich aus. Ich möchte euch sagen, daß ich auch in dem Bewußtsein des Christus Schmerz erfahren habe, auch körperlichen Schmerz. Ich konnte nicht den irdischen Gesetzen entfliehen. Trotz der Freiheit im Gewahrsein des AllEinen war ich an die Information eines menschlichen Körpers auf Erden gebunden.

Viele Vorstellungen über das Leben im Bewußtsein des ICH BIN sind realitätsfern. Viele dieser Vorstellungen führen euch vom Leben weg. Darum geht es wirklich nicht. Ich lasse immer wieder meine Erfahrungen als Jesus einfließen, um dir zu verdeutlichen, daß ich auch ein "ganz normaler Mensch" war. Ich möchte dir verdeutlichen und dir Mut machen, daß das Erwachen in dem AllEinen Bewußtsein auch dir möglich ist. Es gilt nur, die Vollkommenheit in dir zu erkennen. Deswegen möchte ich dir mitteilen, daß ich nicht in ständiger Glückseligkeit ohne menschliche Herausforderungenen über dem Boden schwebte. Aber auch in Zweifel und Traurigkeit war ich von der Gewißheit des AllEinen, vom Bewußtsein des Christus in allem, erfüllt. Traurigkeit und Schmerz, all die menschlichen Herausforderungen müssen sich nicht auflösen, damit du zum vollen Christusbewußtsein erwachen kannst. Ich möchte dich deiner Illusion berauben, über die Menschlichkeiten erhaben sein zu müssen. Du bist nur in der Freiheit des Seins nicht mehr in ihnen gefangen. Ich möchte dich der Illusion berauben, daß ich auf der menschlichen Ebene unfehlbar war. Ich war nichts anderes als du es bist, außer daß sich mir hinter den Menschlichkeiten das Bewußtsein des Einen Christus offenbart hatte.

Ich weiß, daß das Leben in der menschlichen Dimension eine große Herausforderung ist. Das ist eine der schwersten Übungen, die sich eine Seele ausgesucht hat. Doch wenn du hinter der Verdichtung der Dualität, die das Vollkommene so schlecht erkennbar sein läßt, das AllEine erkennst, dann haben sich alle Türen geöffnet und das Christusbewußtsein erstrahlt.

Viele haben die Vorstellung, daß das Erwachen im Christusbewußtsein damit einhergehend ist, für alles Verständnis haben zu müssen, von ständigem Glück umgeben zu sein und daß Gefühle wie Traurigkeit und Wut oder der Ausdruck eines Neins nicht mehr erscheinen. Es wird erwartet, daß ein Mensch im Gewahrsein des AllEinen nur sanftmütig und nie konfrontierend ist.

Ich sage euch, auch ich mußte auf der Ebene der Menschlichkeiten lernen und mich weiterentwickeln. Auch ich habe viele Stufen des Lernens nehmen müssen. Es war nicht nur einfach. Vieles mußte ich erkämpfen, in viele Spiegel mußte ich schauen. Ich erkannte meine Ungeduld. Es gingen schnell einmal die Pferde mit mir durch, aus Freude und dem Wunsch, den Willen Gottes des AllEinen weiterzugeben. Auch ich mußte Grenzen anerkennen. Auch ich erfuhr Hilflosigkeit und Demütigungen. Auch ich mußte erkennen, daß der Wille Gottes auch geschieht, wenn sich nicht alles in Harmonie auflöst. Ich mußte erkennen, daß der Wille, der Frieden Gottes, auch waltet, wenn nicht überall Frieden und Glück sichtbar wurden.

Ich war beauftragt, Frieden zu bringen, und ich folgte diesem Auftrag voller Leidenschaft. Doch ich wurde auch gedemütigt, damit ich erkennen konnte, daß ich als Mensch in einem Körper nicht die Macht und das Recht hatte, die Welt aus den Angeln zu heben. Durch Hingabe, die auch durch Demütigung entstand, wurden wieder Frieden und Liebe sichtbar. Auch ich wurde geprüft, diese Wünsche und die Leidenschaft meines Wirkenwollens für Gott zu hinterfragen, mich zu zügeln und in Geduld, Vertrauen und Hingabe zu üben. Auch ich mußte die Grenzen menschlichen Lebens erfahren, um mich an die Größe Gottes zu erinnern und die Hingabe an das All-Eine geschehen zu lassen. Gerade durch die Grenzen und Demütigungen, die ich als Mensch erfuhr, konnte ich die Größe und die Allmacht des AllEinen erkennen. Auch ich wurde geschult.

Selbst als ich im Bewußtsein des Christus, im "ICH BIN", erstrahlte und die Botschaft Gottes auf Erden brachte, hatte ich viel zu lernen. Das hörte nicht auf. Doch in dem Gewahrsein des Christus war immer alles vollkommen. Da gibt es kein Lernen und keine Weiterentwicklung. Es ist und bleibt alles vollkommen. Das, was sich das Christusbewußtsein nennt, wirkte durch meinen Körper. Da war das Gewahrsein, daß ich in Wahrheit nur das AllEine, der Christus in allem, und nicht dieser Jesus bin. In dem Körper, in der Rolle des Jesus, schien ich eine Person zu sein. Doch war da das Bewußtsein, daß es eine getrennte Person nicht gibt. Das "Ich, der Jesus", löste sich im Bewußtsein des AllEinen zu einem einzigen Sein auf. Trotzdem wurde dieses Spiel gespielt, wurde das Leben gelebt, das gelebt werden sollte.

Jetzt ist die Zeit für dich gekommen. Jetzt ist die Zeit, um dein Leben mit all seinen Grenzen und Möglichkeiten im Gewahrsein des Christus in allem zu leben. Das ist das Erwachen ins Christusbewußtsein. Das ist das Erwachen in das Bewußtsein des AllEinen. Die menschliche Ebene ist der Weiterentwicklung, dem Lernen und der Zeit unterworfen. In all ihrer scheinbaren Unvollkommenheit ist sie immer vollkommen. Ihr konntet die Vollkommenheit nur nicht erkennen, weil ihr euch immer nur an der Unvollkommenheit festgehalten habt.

Die meisten haben illusionäre Vorstellungen von einem im Christusbewußtsein erwachten Menschen. Das Erwachen im Christusbewußtsein erscheint vielen unerreichbar, weil sie die Ewigkeit hinter den Menschlichkeiten weder im anderen noch in sich selbst erkennen.

Das Bewußtsein des Einen Christus ist ganz nah und bereits in dir. Es ist nur durch die Schleier deiner Vorstellungen und Verstrickungen nicht sichtbar, weil du dich zu sehr an den Menschlichkeiten aufhältst und dich gegen sie auflehnst. Viele von euch sind an die Harmonie und den Frieden anderer Dimensionen gewöhnt. Manche, denen diese wundervollen, liebevollen und harmonischen Ausdrucksformen vertraut sind, halten diese für die einzig wahre Form des Friedens. So fühlen sie sich in der menschlichen Dimension von den Disharmonien und Grausamkeiten abgestoßen. Sie glauben unbewußt, daß nur die vertraute Harmonie feinstofflicher Existenzformen der vollkommene Ausdruck Gottes ist. Einige Menschen, die lange Zeit in den Welten dieser sanftmütigen Harmonien verbracht haben, schauen arrogant auf die Geschehnisse der Erde und die Menschlichkeiten herunter. Das Vertraute wird so schmerzhaft vermißt. Doch gerade diese Menschen sind jetzt inkarniert, um die Identifizierung mit den Welten von Frieden und Harmonie aufzulösen und auch die Liebe und den Frieden in der menschlichen Verdichtung mit all ihren Schwierigkeiten zu finden. Es gilt, der Vollkommenheit Gottes in allem, selbst in den größten Disharmonien, gewahr zu sein. Die Vollkommenheit des AllEinen ist an keinen Ort oder an eine harmonische, liebevolle Existenzform gebunden. Sie ist unabhängig von allem, was ist, von jeder Form.

Laß dich durch die Menschlichkeiten nicht abschrecken. Sieh sie vielmehr als die Herausforderung, in und hinter ihnen den Christus zu finden. Es geht nicht um Götzenanbetung und darum, über das Irdische erhaben zu sein. Da gibt es nichts, was niedriger oder höher ist, nichts, was weniger oder mehr von dem Einen durchdrungen ist. Die größte Lektion ist, den Christus in einem menschlichen Körper überall, auch in den Begrenzungen zu erkennen. Das ist weit davon entfernt abgehoben zu sein und ohne Bezug zum Leben. Wenn du das Bewußtsein des AllEinen auf diese Art und Weise suchst, wirst du immer wieder fallen und in die Knie, auf den Boden der Tatsachen, gezwungen werden. Je mehr du versuchst, der Erde und den Menschlichkeiten zu entfliehen, desto stärker wirst du mit der Verdichtung und mit menschlichen Schwierigkeiten konfrontiert werden. Gerade weil du gekommen bist, um im Christusbewußtsein das menschliche Leben zu leben, wirst du auf eine gesunde Weise gedemütigt, wenn du dich arrogant über das Leben stellst.

Mir erging es auch nicht anders, wenn die Pferde mit mir durchgingen. Ich möchte dich ermuntern, nicht entfernt von dir das Bewußtsein des Einen Christus zu suchen, sondern zu erkennen, daß es bereits jetzt mitten in deinem Leben ist. Dazu mußt du dich nicht vervollkommnen. Die Vollkommenheit ist immer in dir: Erkenne sie jetzt. Erwache jetzt in das Bewußtsein des AllEinen, in das ICH BIN. Nichts mehr, was du dir verdienen müßtest. Die Zeit ist gekommen, nicht mehr außen zu suchen und etwas "Heiliges" und von dir Getrenntes anzubeten. Es ist die Zeit gekommen, die Menschlichkeiten nicht mehr zu verachten, sondern voller Freude und Liebe in deinem Leben, im Gewahrsein der Ewigkeit, zu leben. Wirklich, ich kann es nicht oft genug betonen: Nimm die Menschlichkeiten an. Sie sind ein vollkommener Ausdruck des AllEinen. Liebe dein menschliches Leben und all die Erkenntnisse und Lehren, die dir auf dem Weg geschenkt werden. Liebe den Schmerz und die menschlichen Schwierigkeiten. Liebe alles, was sich dir als Mensch auf deinem Weg zeigt. Nichts davon ist falsch. Nimm dich an so, wie du bist, mit all deinen Unvollkommenheiten. Wenn du Schwierigkeiten hast, dich selbst zu lieben, höre die Worte der mir verbundenen Energie von Lady Nada, die einst Maria Magdalena, meine Gefährtin, war. Auch jetzt wirken wir gemeinsam in Liebe.

Seid gegrüßt. Hier ist Nada: Die Liebe zu dir selbst ist so wichtig, die Liebe in dir und in allem, was ist. Du bist immer in Liebe geborgen, gehalten und von Liebe umhüllt. Der Mantel der Liebe umhüllt dich immer, wenn du bereit bist, dich in die Liebe fallen zu lassen, in eine Liebe ohne Bedingungen. Es ist ein selbstverständliches Genährtsein durch die Liebe der "göttlichen Mutter". Es ist auch das Genährtsein durch den Atem "Gottes", durch die Liebe des Allmächtigen. Egal, was du jemals getan hast, wofür du dich schuldig fühlst oder wovon du glaubst, daß es dir fehlt, es ist eine Illusion. Es ist ein Irrtum, daß dich etwas von der unendlichen Liebe trennen könnte. Sananda und ich möchten dir im Namen des AllEinen die Erlaubnis geben, dich, egal wie du bist, wofür du dich verurteilst und anzweifelst, zu lieben und der vollkommenen Liebe würdig zu sein. Du bist immer geliebt. Du bist immer das geliebte Kind des AllEinen. Da gibt es weder "GottVater" noch ein "Menschenkind", und du bist immer nur unendliche bedingungslose Liebe. Da ist alles nur das AllEine. Laß den Kampf mit dir und deinen Unzulänglichkeiten gehen. Nichts, was nicht im Bewußtsein des AllEinen geliebt ist und nicht der Liebe würdig sein könnte. Ich umhülle euch auch mit der Liebe der göttlichen Mutter, der weiblichen nährenden Ausdrucksform des AllEinen. Amen.

Hier bin ich, Sananda, wieder:

Vielleicht konntet ihr erkennen, daß Nadas Energie einen sanftmütigeren, weniger kämpferischen Ausdruck hat als meine. Sie hat auch weniger mit dem Thema Autorität und gesellschaftliche Umstrukturierungen zu tun. Dennoch wirken wir aus derselben Quelle, aus dem Bewußtsein des AllEinen.

Auf der Ebene der Aufgestiegenen und Kosmischen Meister in den feinstofflichen Welten gibt es unterschiedliche Ausdrucksformen und Aufgaben, wie für euch Menschen auch. Jeder Aufgestiegene oder Kosmische Meister hat eine spezielle Energie und Aufgabe. Oft sind es Kollektivenergien, die hier einen Brennpunkt, eine Konzentration, finden. Hier gibt es auch eher männliche oder eher weibliche Energieformen, obwohl wir letztendlich weder weiblich noch männlich sind. Wir wirken aus der geistigen Welt, um euch zu helfen, das Christusbewußtsein zu verankern. Wir nähern uns dem von unterschiedlichen Seiten an, um viele Menschen mit unterschiedlichen "Gedanken-, Gefühls - und Persönlichkeitsstrukturen" ansprechen zu können und um euch in allen Bereichen zu unterstützen. Trotzdem sind auch Aufgestiegene Meister nur das AllEine, so wie du. Zunächst war da einmal das Leben in einem menschlichen Körper, die Ebene der Verstrickungen, des Gefangenseins und der Fehlidentifizierung mit einem Namen, mit einem Körper, mit Gedanken und Gefühlen. Da war das Leben des Verstricktseins in der Dualität. Aus dem sind wir als Menschen aufgestiegen, weil wir das AllEine in allem erkannt haben.

Einige lebten in diesem Gewahrsein als Mensch auf Erden weiter. Ein Beispiel ist meine Geschichte, die Geschichte von Nada und die Geschichten anderer Aufgestiegener Meister - auch die Geschichte mancher sogenannter Heiliger. Wir befreiten uns aus den Verstrickungen, aus der Fehlidentifizierung mit einem Körper, mit Vorstellungen und Gedanken. Wir erkannten die Freiheit des AllEinen in allem und lebten im Christusbewußtsein das Leben in aller Menschlichkeit weiter. Das wird auch der Abschluß des Erdenzyklus, Erwachen, Erleuchtung oder Aufstieg genannt.

Der Glaube an Zeit, an die Dualität, war beendet, die Ewigkeit wurde erkannt. Manche dieser Meister inkarnierten nur, um den Menschen hilfreich zu sein. Das war die Ebene der Freiwilligkeit. Sie kamen nicht, um ihr Karma zu beenden, sondern nur, um zu dienen. Wir werden Aufgestiegene Meister genannt, weil wir die Meisterschaft in dem menschlichen Leben, die Meisterschaft aus menschlichen Verstrickungen, erlangt haben.

Die meisten von uns inkarnieren in dieser Zeit nicht, weil es nicht notwendig ist. Wir wirken aus dem ätherischen Feld.

Es geht in dieser Zeit nicht mehr um einzelne, auserwählte „Fälle". Es ist die Zeit kollektiven Erwachens. Es gibt bereits einige Menschen, mehr Menschen als je zuvor, die im Bewußtsein des AllEinen leben. Sie sind euch eine große Hilfe. Denn sie können praktisch aufzeigen, was ich hier nur zu beschreiben versuche, daß inmitten all der Menschlichkeit das Christusbewußtsein ist. Sie helfen, die Vorstellungen und Erwartungen, den Wunsch des Aufstiegs auf den Boden zu bringen und dich erkennen zu lassen, daß die Vollkommenheit bereits ist. Sie können dir zeigen, daß sie nicht anders sind als du. Doch vielleicht wirst du dich von ihren Menschlichkeiten abschrecken lassen, weil du nicht das Bewußtsein des AllEinen in ihnen erkennst. Das sind Prüfungen. Das sind die Prüfungen, um das AllEine in dir und anderen inmitten all der Menschlichkeiten zu finden. Ja. Es ist eine wundervolle Zeit. Es ist die Zeit des Gewahrseins des Einen Christus, der unendlichen Liebe in einem menschlichen Körper in der Vielfalt eines modernen Lebens.

Auch in der geistigen Welt geschieht für "uns Meister" eine Weiterentwicklung. Die Formen der geistigen Welt sind auch nur Erscheinungen. Hinter der Ebene der Meister und Engel erstrahlt auch nur das AllEine ohne Form. Das heißt, daß auch ich, genau wie du, in einem menschlichen Körper nur eine Erscheinungsform des AllEinen bin. In der menschlichen Entwicklung wurden viele Inkarnationen in Verstrickungen, Anhaftungen und Abhängigkeiten, verbunden mit sehr viel Leid, gelebt.

Nach sehr langer Zeit und unendlich vielen Erfahrungen wird dann konkret auf die Meisterschaft, das Erwachen im Gewahrsein des AllEinen, hingearbeitet. Diese Zeit ist jetzt für euch gekommen. Es ist euer Weg, die Meisterschaft über das menschliche Leben zu erlangen. Wenn ich von Meisterschaft spreche, ist die Erkenntnis des Christus in allem gemeint. Die Meisterschaft bedeutet nicht das Formen neuer elitärer menschlicher Eigenschaften. Es ist die Auflösung falscher Identifizierungen mit einem Ich und einem Körper und die Erkenntnis der Vollkommenheit, des Christus in allem.

Die Menschen sind mehr oder weniger weit vorangeschritten in der Erkenntnis des AllEinen. Sie sind mehr oder weniger verstrickt. Dann gibt es noch die wenigen Menschen, die bereits des Christus in allem gewahr sind. Jedoch werden sich jetzt immer mehr Menschen der Vollkommenheit des Seins bewußt. Die Wesen der geistigen Welt - Meister, Heilige und Engel - sind euch auch Hilfe auf dem Weg des Erwachens. Die Aufgestiegenen Meister lebten in dem Gewahrsein des AllEinen auf Erden und kennen die menschlichen Erfahrungen. So können sie besonders gut die Menschen beim Erwachen unterstützen. Doch immer mehr werden auch Menschen, die bereits im Christusbewußtsein erwacht sind, Menschen unterstützen, die bereit sind, ihre Verstrickungen und Abhängigkeiten zu lösen und das vollkommene Christusbewußtsein erstrahlen zu lassen. Es wird immer mehr menschliche Hilfe geben, so daß wir euch weiterhin aus der geistigen Ebene begleiten und unterstützen, aber auch in noch "höheren" Schwingungsebenen wirken können, weil sich das Bewußtsein allgemein erhöht. Die Unterstützung, die jetzt durch einige Menschen geschieht, mußte früher mehr durch die geistige Welt geschehen. So werden für uns Kapazitäten frei, und wir können energetisch höher schwingende, verfeinerte Aufgaben übernehmen.

Durch die Erhebung eures Bewußtseins geschieht eine Erhebung des Bewußtseins in geistigen Welten. Es ist nicht voneinander zu trennen. Es bedingt sich gegenseitig. Obwohl die Prozesse auf der Erde schon beschleunigt sind, geschieht alles in der Verdichtung der Erde viel langsamer als in der feinstofflichen Welt. Hier heißt es, Geduld zu haben. Die Wandlungen sind dennoch so massiv, daß sie, gemessen an der verdichteten Energie der Erde, enorm schnell vonstatten gehen. Vielen von euch erscheint das immer noch zu langsam. Es gilt, Vertrauen und Geduld zu haben.

Ich möchte wieder betonen, daß die Erhebung des Bewußtseins nicht von der Erde und den Menschlichkeiten wegführt, sondern nur durch sie hindurch. Ich spreche nicht zu euch, um Fluchttendenzen und elitäre Vorstellungen vom Erwachen, von besseren und schlechteren Menschen, von Wesen des Lichts und der Dunkelheit zu unterstützen. Ich spreche zu dir, um dich das Eine, den Christus in allem, erkennen zu lassen und dich mitten in die Liebe des menschlichen Lebens zu führen. Strebe nicht nach "oben". Wenn du die Hilfe der geistigen Welt, die Liebe und den Frieden Gottes suchst, finde sie, um in Freiheit dein Leben als Mensch auf der Erde zu leben. Finde Gott, das AllEine, in deinem täglichen Leben. Dazu gilt es, dich, die Menschen, deine Arbeit und jeden einzelnen Moment deines Lebens anzunehmen. Es gilt, dich selbst zu lieben, auch wenn du nicht deinen Erwartungen entsprichst. Es gilt, dich zu lieben, auch wenn du jähzornig, traurig, faul und verwirrt bist. Es ist immer die Vollkommenheit Gottes, die durch dich strahlt. Liebe dich und alles so, wie du bist. So viel Schmerz und Leid, der in menschlichen Körpern erfahren wurde.

Der größte Schmerz aber war immer nur das scheinbare Abgetrenntsein von Gott, die Illusion, nicht vollkommen zu sein. Der größte Schmerz war der Schmerz der Trennung. Dieses Leiden nimmt jetzt ein Ende. Das Ende von Leid, die Freiheit, ist jetzt. Die Zeit ist gekommen. Die Zeit ist jetzt!

Natürlich werden nicht alle Menschen sofort in das Bewußtsein des Einen Christus erwachen. Es werden anfangs kleinere Wellen sein. In der Verdichtung der Dualität braucht alles seine Zeit. Es gilt, nichts zu forcieren oder zu überstürzen. Es gilt, zu vertrauen, daß die Zeit für dich gekommen ist. Es gilt, die Gegenwart des ICH BIN jetzt zu erkennen. Niemand, den es zu überzeugen gilt. Es gibt keinen Grund, in Eile zu verfallen oder Angst zu haben, nicht dazuzugehören. Alles nimmt seinen vollkommenen Lauf, auch das Erwachen, das Erstrahlen eines jeden Menschen im Bewußtsein des AllEinen. Geduld ist gefragt, aber auch das Brennen, die Sehnsucht, in dem Bewußtsein des Einen Christus zu erstrahlen. Lebe dein Leben. Erkenne in dem, was dir jeder Tag in seiner Menschlichkeit schenkt, den Christus.

Ich kann vielen von euch nur raten, in der Selbstverständlichkeit des Lebens zu sein. Was ihr in Jahren der Meditationen, in Büchern und Gebeten gesucht habt, war eine gute Vorbereitung und will jetzt immer in deinem Leben sein. Hier will der Frieden, den du suchst, gefunden werden, auch in Disharmonien und Auseinandersetzungen. Es ist die letzte und letztendliche Lektion, das Erwachen im Christusbewußtsein gefragt. Es gilt, jetzt, mitten im Leben, in Frieden und in Liebe zu sein, unabhängig von äußeren Bedingungen, unabhängig von Traurigkeit oder Glück, ob du allein oder verheiratet bist, eine gute oder schwierige Partnerschaft lebst, einen freundlichen oder unfreundlichen Chef hast. Du findest jetzt die Erkenntnis des AllEinen in deinem Leben. Sei voller Geduld und Liebe für die Grenzen des menschlichen Körpers, für Krankheit und Tod, Angst und Zerstörung. Liebe deinen Körper mit all den Herausforderungen. So ist die Liebe zu ihm genauso von Bedeutung wie Meditationen oder Gebete. In Liebe und Frieden mit den Menschlichkeiten zu sein und das zu sein, was du bist, ist Meditation. Meditation kennt keine Grenzen und keine Trennung.

Ihr verbindet mit Meditation meistens Stille. Meditation ist aber das Gewahrsein der Stille, des Nichts, der Liebe, des Göttlichen in allem. Meditation ist in jedem Moment deines Lebens möglich. Die Zeit, künstliche Trennungen vorzunehmen, geht zu Ende. Die Vollkommenheit Gottes will in allem erkannt werden. Gott will nicht nur in Meditationen und äußerer Stille gefunden werden. Das AllEine durstet danach, in der Vielfalt eures Lebens gefeiert, geliebt und erkannt zu sein. Dein Körper, deine Menschlichkeiten dursten auch danach, geliebt und als Ausdruck des AllEinen erkannt zu sein. Die Kraft des ICH BIN durstet danach, endlich in vollem Gewahrsein durch deinen menschlichen Körper zu erstrahlen. Dein Schmerz, erzeugt durch die Ablehnung der menschlichen „Unvollkommenheiten", sehnt sich danach, endlich angenommen, erlöst und als Ausdruck des AllEinen erkannt zu werden.

Laß die Liebe in allem erstrahlen. Erkenne sie in allem. Die Neue Zeit ist die Zeit der Erkenntnis des AllEinen. Hier hebt sich alle Trennung auf, Meditation und Nichtmeditation, Gott und NichtGott, Gut und Schlecht, Menschlich und Unmenschlich. Hier ist das Eine Sein. Die Zeit ist gekommen, das Bewußtsein des Christus in allem in deinem Leben zu erkennen. Amen.

Turbulenzen und Herausforderungen

Ich möchte mit euch über die Herausforderungen dieser Zeit sprechen.

Ihr seid jetzt mit massiven Turbulenzen konfrontiert, damit ihr in diesen Herausforderungen den Frieden, das Bewußtsein des Einen Christus, findet. Deine begrenzten Vorstellungen und die dir selbstgeschaffenen Grenzen werden gesprengt. Alles, worauf du dich immer verlassen hast und woran du dich festhältst, wird herausgefordert, um dir die Begrenzung deiner Vorstellungen von der Welt zu verdeutlichen. Das ist wunderbar. Denn so bist du aufgefordert, diese Grenzen zu verlassen, um die unendliche Freiheit des Einen in allem zu finden. Es wird dir aufgezeigt, wo du dich an etwas klammerst und wo du dich und das Leben nach deinen Vorstellungen zu beeinflussen versuchst. Es wird dir gezeigt, wie begrenzt dein Horizont durch das Anhaften an deine Erwartungen ist. Vieles, was war, wird fortan nicht mehr so sein. Vieles, was über lange Zeit im Ungleichgewicht war, ohne Turbulenzen auszulösen, bricht jetzt hervor. Die Zeitqualität läßt keine Ungleichgewichte und Verstrickungen mehr zu. Den Spielraum, den es früher noch gab, gibt es heute nicht mehr. Jetzt geschieht alles massiver, direkter und schneller. Alles, was ausgesandt wird, kommt sofort und viel schneller auf den Punkt. Wenn du an alten Erfahrungen und Sichtweisen festhältst und Kontrolle über die Geschehnisse haben willst, wirst du Schmerz erfahren. Alles, was in deinem Leben im Ungleichgewicht ist, wird jetzt an die Oberfläche gespült. Das sind die Herausforderungen, die dich locken, damit sich ein Gleichgewicht finden kann.

Oft geschehen auch Auseinandersetzungen mit anderen Menschen. Du gerätst in Situationen, die dich an deine Grenzen bringen. Das sind wahre Geschenke. Denn all diese Menschen und Situationen zeigen dir, wo du in Verstrickungen und Identifizierungen gefangen bist. Wenn du es wirklich ernst meinst und im Bewußtsein des Einen Christus erwachen willst, dann sieh die extremen Herausforderungen dieser Zeit als ein Geschenk. Durch die größten Schwierigkeiten werden die Anhaftungen und auch die Kontrolle, die du über dein Leben zu haben scheinst, gesprengt. All das sind Übungen für deine Meisterschaft, die Ewigkeit, den Frieden, auch in den schwierigsten Situation zu erkennen und zu finden. Du kannst dir sicher vorstellen, daß dazu alles von dir verlangt wird. Wenn du wahrhaftig frei sein willst, dann lade das, was dich an deine Grenzen bringt, ein, um diese zu überschreiten und dich der Unendlichkeit des Seins hinzugeben.

Du brauchst nicht spezielle Übungen und Meditationen zu machen, um im Christusbewußtsein zu erwachen. Nein. Die Meisterschaft liegt in der Bewältigung der Herausforderungen deines Lebens. Es ist die Erkenntnis des Einen Christus hinter all den Begrenzungen und Erscheinungen. Du läßt dich in die Weite des Seins, in die Unendlichkeit, fallen und findest den unendlichen Frieden inmitten aller Turbulenzen. Es sind Wellen, die kommen und gehen. Du kannst das Leben nicht unter deine Kontrolle bringen, auch wenn du dich noch so bemühst. Um in diesen Turbulenzen nicht unterzugehen und zu verzweifeln, erkenne, daß sie kommen und gehen, während es etwas gibt, das immer still, ewig, in Liebe und in Frieden ist, unabhängig davon, was geschieht. Wenn du auf eine Situation anspringst, sie verändern und in Bahnen lenken willst, dann hast du bereits verloren. Du wirst solange durchgeschleudert, bis du dich in deiner Hilflosigkeit dem AllEinen hingibst und erkennst, daß du die Geschehnisse des Lebens nicht beeinflussen und kontrollieren kannst.

Es geht darum zu erkennen, daß dich nichts zerstören kann. Das, was du bist, ist unzerstörbar und ewig. Der innere Frieden, die unendliche Stille, ist nicht von äußerem Frieden abhängig. Auch in all den Herausforderungen ist immer nur der Frieden, die unendliche Liebe, die Freiheit des Seins. Erkenne, das, was du bist, ist unabhängig von äußeren Geschehnissen. Du kannst das Leben nicht unter deine Kontrolle bringen und ihm deinen Stempel aufdrücken. Wenn du das willst, befindest du dich im Kampf. Du kämpfst den Kampf, das Leben deinen Erwartungen entsprechend verändern zu müssen. Du glaubst, nur dann glücklich zu sein, wenn dein Leben sich so entwickelt, wie du es dir vorstellst. So versuchst du das, was ist, in die Richtung zu lenken, die du für richtig erachtest und von der du dir Glück versprichst. Doch das ist hoffnungslos. Das Leben in seiner unendlichen Weisheit geschieht so, wie es geschehen soll. Sobald du versuchst, das, was ist, verändern zu wollen, erzeugst du Leid und befindest dich im Kampf. Du verläßt das Gewahrsein der Vollkommenheit des jetzigen Moments. Du versuchst, die Situationen so zu verändern, daß sie "dann endlich richtig" sind, so wie du sie erwartest. So hast du ein Ziel, durch das du deine Aufmerksamkeit in die Zukunft lenkst. Damit bist du wieder auf der Ebene der Zeit gefangen und verläßt das SoSein im gegenwärtigen Moment. Du bist gefangen in Vergangenheit und Zukunft und glaubst, daß alles so, wie es ist, nicht vollkommen ist. Du kannst das Leben und auch die Menschen nicht nach deinen Vorstellungen formen, kontrollieren und manipulieren.

Du kennst sicherlich Situationen, in denen du von anderen Menschen erwartet hast, daß sie sich anders verhalten sollen. Wie oft war es dir nicht möglich, sie zu verändern oder sie davon zu überzeugen, daß ein anderes Verhalten besser wäre. - Gott sei Dank. - Woher willst du wissen, daß ein anderes Verhalten besser wäre? Du stößt an Grenzen, verspürst Hilflosigkeit, wenn sie nicht das tun, was du erwartest. Manchmal glaubst du, daß es dir schlecht geht, weil sich jemand auf eine bestimmte Art und Weise verhält. Du glaubst sogar, daß es dir besser gehen würde, wenn sich der andere nur verändern würde. Damit begibst du dich in eine Abhängigkeit. Du machst deinen inneren Frieden von dem Verhalten eines anderen Menschen abhängig. Du machst dich abhängig von deinen Vorstellungen, wie sich jemand anderes zu verhalten hätte. Ich sage dir, auch wenn sich jemand scheinbar im Ungleichgewicht befindet, so ist das genau das, was geschehen soll. Du hast kein Recht zu manipulieren. Es ist so, wie es ist.

Finde den Frieden, auch wenn du und andere Menschen sich anders verhalten, als du es erwartest. So kann es Streit und Kritik, auch Situationen geben, die dich in stärkstem Maße herausfordern. Doch da ist immer der Frieden in und jenseits all dieser Geschehnisse. Lade die Herausforderungen und Momente der Hilflosigkeit ein, um durch sie die Meisterschaft zu erlangen. Wenn du dich nicht mehr gegen das Leben sträubst und nicht nur an der Oberfläche nach einem harmonischen Leben suchst, nimmst du das, was ist, an und findest den Frieden inmitten all der Turbulenzen.

Momentan ist eine Zeit starker Sprengkraft. Was zu einem Zeitpunkt vereinbart wurde, ist im nächsten Moment schon überflüssig. Vieles, was du jetzt planst, sieht im nächsten Moment völlig anders aus. Vieles, was du erwartest, geht nicht in Erfüllung. Das ist die Herausforderung, in jedem Moment ganz neu zu sein. Das ist die Herausforderung, dich an nichts festzuhalten und dich nicht zu identifizieren. Die Zeit ist so schnell und turbulent, daß nichts, was zu gelten schien, im nächsten Moment noch gelten muß. Große Flexibilität ist gefragt. All die Gerüste der Erwartungen, die du dir geschaffen hast, sind im nächsten Moment schon dazu herausgefordert zu sterben. Die Geschehnisse dieser Zeit sind so schnell und intensiv, daß gerade wenn du alles unter Kontrolle haben willst und dich an einzelnen Dingen festhältst, die Hilflosigkeit und der Druck so groß werden, daß du gezwungen wirst, dich hinzugeben. Je stärker du an dem, was in der Vergangenheit noch galt, festhältst, desto größer ist der Schmerz.

Ich sprach anfangs darüber, daß ich euch unterstützen möchte, eure Aufmerksamkeit und Energie in die Kraft des Jetzt, des ICH BIN, zu transportieren. Die Turbulenzen und Herausforderungen dieser Zeit geschehen, um euch in die Kraft des ICH BIN zu verhelfen. Damit werden eure Erwartungen und der Glaube an "persönliche" Kontrolle in Frage gestellt. Ihr werdet "gezwungen", ganz im Hier und Jetzt zu sein. Du wirst gezwungen, das, was gestern galt und du für morgen erwartest, über Bord zu werfen, um jetzt in diesem Moment in Frieden und innerer Stille zu sein. Wenn du jedoch an den Erfahrungen der Vergangenheit und den Erwartungen an die Zukunft haftest, wirst du in die Knie gezwungen. Du erfährst, daß du das, was gestern galt und für morgen erwartest, nicht erzwingen kannst. Die Erfahrungen der Vergangenheit und die Erwartungen an die Zukunft haben in der Kraft des Jetzt keine Wirkung.

Da das ICH BIN, das Gewahrsein des AllEinen, sich immer mehr verankern will, müssen gleichzeitig die Auflösung von Kontrolle und das Ende unbewußter Manipulation geschehen. In der Kraft des ICH BIN ist die Aufmerksamkeit ganz im Hier und Jetzt. Du bist in tiefer Übereinstimmung mit dem, was geschehen soll. Du nimmst den Willen Gottes in voller Hingabe an, ohne Widerstand, ohne Trennung. Du hast in der Tiefe erkannt, daß es niemanden gibt, der das Leben kontrollieren und formen kann. Es ist die Hingabe an das größere

Ganze. Je mehr du erfährst, daß sich das Leben nicht von deinen Vorstellungen und Erwartungen formen läßt, und je mehr du dadurch gedemütigt wirst, desto stärker wird das Bedürfnis, dich in voller Konsequenz dem großen Ganzen hinzugeben. Dann kann im Außen geschehen was will, der innere Frieden, das Bewußtsein des Christus in allem wird dich niemals mehr verlassen. Durch die beschleunigten, intensivierten Geschehnisse seid ihr gezwungen, die Konzentration auf das Wesentliche zu lenken. Das bringt euch in die Kraft des Jetzt.

Es ist wichtig, daß du nicht mehr zu viel planst und deine Aufmerksamkeit in die Zukunft lenkst, sondern daß du in der Spontanität des Seins bist. Das heißt nicht, daß es keine Pläne, Vorstellungen und Visionen der Zukunft mehr geben wird. Das heißt nur, daß du nicht mehr an ihnen festhältst und ihnen kein zu großes Gewicht gibst. Sieh sie nur als ein Spiel. Denn sobald du an ihnen festhältst und die Geschehnisse nicht so eintreten, wie du sie erwartest, gerätst du unter Druck. Du versuchst, dem Leben deine Erwartungen aufzudrücken, obwohl das Leben doch etwas anderes mit dir vorhat. Sieh in deinen Wünschen und Plänen für die Zukunft nur eine mögliche Version. Über allem steht immer das Sosein in jedem Moment, das ICH BIN. Achte darauf, wie oft du mit deinen Gedanken in die Zukunft reist. Wenn du dann auch noch Erwartungen und Gefühle daran knüpfst, halte inne. Öffne dich der Vollkommenheit dieses Moments.

Natürlich ist es manchmal auch wichtig, zu planen und Absprachen zu treffen. Alles, was ich hier in Worte forme, ist nicht absolut gemeint, aber du bist sowohl in dem Moment, in dem du an Gedanken der Zukunft haftest, als auch dann, wenn sich deine Pläne und Erwartungen erfüllen, nicht in der Vollkommenheit des ICH BIN. Denn dann planst du schon etwas Neues, von dem du dir zukünftiges Glück erhoffst.

Um in der Kraft des ICH BIN, des Christus in allem, zu erstrahlen, geht es darum, deine Aufmerksamkeit in das Hier und Jetzt zu transportieren. Es geht um die Erkenntnis der Vollkommenheit einer jeden Situation. Laß dich nicht durch deine Erwartungen an die Zukunft daran hindern, das Jetzt in seiner Vollkommenheit zu erkennen und zu leben. Das, was für die Zukunft gilt, gilt auch für die Vergangenheit. Viele Menschen können nicht in der Kraft des ICH BIN, im gegenwärtigen Moment frei sein, weil sie zu sehr von der Vergangenheit beeinflußt sind.

Die meisten Menschen leben überwiegend in der Vergangenheit oder in der Zukunft, selten im Jetzt. In der Vergangenheit zu leben heißt, dort gefangen zu sein, nicht frei und offen für den gegenwärtigen Moment. Die Erfahrungen der Vergangenheit, an denen du haftest, beeinflussen den Moment. So wird dieser nie neu und wahrhaftig in seiner Vollkommenheit erfahren. Denn er ist von den alten Sichtweisen und Erfahrungen geprägt und wird durch sie vernebelt. Du wirst jetzt durch die Herausforderungen der Zeit gezwungen, die Vergangenheit Vergangenheit sein zu lassen und wahren Frieden, jetzt, in diesem Moment, zu finden.

Jeder von euch hat einen begrenzten Horizont von Vorstellungen und Erwartungen. Sie sind geprägt von den Erfahrungen der Vergangenheit, von deiner Struktur. Es erzeugt Enge, wenn du an diesen Erwartungen und Vorstellungen festhältst. Jetzt ist die Zeit, die Begrenzungen zu erkennen und Befreiung geschehen zu lassen. Jetzt ist die Zeit zu erkennen, daß das Anhaften an alten Erfahrungen und Erwartungen dir keinen wahren Frieden schenkt. Wirklich von Bedeutung ist nur das ICH BIN in diesem Moment. Wie etwas zu sein scheint, ob gut oder schlecht, das ist nur deine Bewertung. Das hat nichts mit dem zu tun, was in Wahrheit ist. Wenn du engstirnig bist und etwas als gut und etwas anderes als schlecht bewertest, kannst du natürlich nicht die Vollkommenheit erkennen. Woher willst du wissen, daß die Geschehnisse, wie du sie erwartest, richtig wären? Woher willst du wissen, daß du nur auf eine bestimmte Art und Weise glücklich sein kannst? Ich sage dir, daß du all das nicht wissen kannst. Wenn du zu wissen glaubst, wie das Leben und die Menschen zu sein haben, ist das nur Besserwisserei und Unwissenheit. Das ist mangelndes Vertrauen in die Allmacht Gottes, in die Vollkommenheit in allem, was ist. Freue dich, wenn wieder etwas geschieht, was deine Vorstellungen und deine Kontrolle sprengt. Daran kannst du erkennen, daß du wieder die Vollkommenheit des AllEinen einschränken und nicht das Sein lassen willst, was durch den Christus in allem seinen Ausdruck finden möchte.

Es ist nicht mehr die Zeit, an der Vergangenheit oder an der Zukunft zu haften. Die Auflösung alter Geschichten und Verstrickungen ist durch die Beschleunigung der Zeit und der Energien leichter geworden. Es ist auch nicht mehr notwendig, lange zu leiden und hart zu arbeiten, um alte Belastungen aufzulösen. Es ist die Zeit gekommen, daß sogar, wenn es sein soll, ein tiefer ehrlicher Wunsch ausreichend sein kann, das Alte in der Erkenntnis der Vollkommenheit zu befreien. Warum willst du dich an der Vergangenheit und an der Zukunft festhalten? Die Vergangenheit ist vorbei, die Zukunft ist noch nicht. All die Turbulenzen und Herausforderungen bringen und zwingen dich in die Kraft des Jetzt, denn nur im Bewußtsein des ICH BIN, in der Kraft des Jetzt, ist immer unendlicher Frieden. Da ist kein Leid. Nichts, was gestern galt, gilt heute. Nichts, was morgen gilt, gilt jetzt. Mache dir das bewußt. Laß die Geschichten der Vergangenheit gehen und auch die Erwartungen an die Zukunft. Öffne dich einzig und allein der Vollkommenheit dieses Moments. Wenn du nicht an deinen Gedanken und Gefühlen haftest, kannst du den Moment in seiner Vollkommenheit erkennen und ganz in ihm sein. Du vergleichst die Situationen nicht mehr. Du hast keine Idee mehr davon, wie sie anders sein müßten. Du bist einfach. Du erstrahlst in der Vollkommenheit dieses Moments. Das ist das Erwachen in dem Christusbewußtsein, das ist die Heimkehr, nach der du suchst. Es klingt vielleicht für dich profan. Doch das Leben - jetzt, in der Vollkommenheit des Seins inmitten der Herausforderungen, ist das, was du suchst. Das ist weder von deiner Vergangenheit noch von deiner Zukunft abhängig. Da ist es nicht von Interesse, was du getan hast, oder ob es Schuld gibt. Da ist alles beendet. Da ist es nicht von Bedeutung, wieviel Schmerz du dir und anderen zugefügt hast oder dir zugefügt worden ist. Da ist nichts mehr von Bedeutung. Das ist vorbei.

Wenn du wirklich ein Leben im Bewußtsein des Einen Christus leben willst, dann geht es nicht um einzelne Glücksmomente, sondern darum, jeden einzelnen Moment in der Vollkommenheit des AllEinen zu leben. Und du solltest damit nicht erst in der Zukunft anfangen. Laß genau jetzt, jeden Moment, in der Vollkommenheit des AllEinen erstrahlen. In der Zukunft ist sie nicht zu finden. Die Kraft des ICH BIN ist jetzt. Es ist geht nicht um das "Ich war" oder "Ich werde sein". Es geht um das ICH BIN. Das ist nicht umsonst die Sprache des Jetzt und nicht die der Vergangenheit oder der Zukunft. Das macht Sinn. Das weist dich darauf hin, im Jetzt zu sein. Die "Worte" ICH BIN verdeutlichen auch, daß es um das Sein geht und nicht um das Tun oder um das Bezwecken.

Schaue konkret dein Leben an. Wo bist du in alten Geschichten gefangen? Wo beeinflussen dich deine Vorstellungen vom Leben? Wo haftest du an Erwartungen, wie du, dein

Leben und deine Mitmenschen zu sein haben? Was erwartest du von der Zukunft, damit du dich geliebt und anerkannt fühlen kannst? Nimm diese Fragen sehr ernst. Deine Antworten auf diese Fragen verdeutlichen, wo du gefangen bist. Das Anhaften an deine Erwartungen, Vorstellungen und Geschichten behindert dich, jetzt natürlich und frei in der Kraft des ICH BIN zu sein. Schau dir auch deine Erwartungen an, die du an deine Familie, deine Freunde und an die Menschen in deiner Arbeit stellst. Gib den Vorstellungen und Erwartungen nicht deine Energie. Sie können erscheinen. Das ist kein Problem. Das ist menschlich. Es ist in der menschlichen Information enthalten. Doch sieh, daß es nur Erwartungen und Vorstellungen sind. Messe nicht an ihnen den gegenwärtigen Moment. Sei ganz in diesem Moment, dann treten auch die Erwartungen in den Hintergrund. Dann bist du nur mit dem, was ist, und in der Vollkommenheit dieses Augenblicks.

Wenn es in deinem Leben turbulent zugeht und vieles nicht mehr so geschieht, wie du es erwartest und du darunter leidest, dann frage dich, wo du die Vollkommenheit dieser Situationen nicht erkennst? Wo kannst du die Vollkommenheit nicht erkennen, weil du das Leben verändern, manipulieren und formen willst? Wo glaubst du, daß dein innerer Frieden davon abhängig ist, daß sich das Leben so gestaltet, wie du es dir vorstellst? Das verhindert, die Kraft des ICH BIN zu leben.

Die Schwierigkeiten dieser Zeit sind dein größter Lehrer zum Erwachen im Christusbewußtsein. Sie zeigen dir, wo du verhaftet und nicht in der Vollkommenheit dieses Moments bist. Sie zeigen dir, wo du das, was ist, unter Kontrolle bringen willst. Sie fordern dich auf zu erkennen, daß deine Erwartungen und Vorstellungen nicht von Bedeutung sind. Immer mehr wirst du herausgefordert sein, in der Geschwindigkeit der Veränderungen von Moment zu Moment in Frieden und innerer Stille zu sein. Dadurch ergibt sich eine unendliche Freiheit. Du bist frei, weil du unabhängig von den äußeren Geschehnissen immer in Frieden und unendlicher Stille bist. Nichts kann dich dann wirklich bedrohen und zerstören.

Du bist frei, weil du nichts mehr erfüllen mußt, um geliebt zu sein. Es steht dir die ganze Palette menschlichen Ausdrucks zur Verfügung, weil du geschehen läßt, was geschehen will. Du erkennst, daß alles nicht in deiner Hand und in deiner Macht ist. Da ist eine wunderbare Freiheit, die dich ruft, die Identifizierung mit den Vorstellungen von dir und der Welt gehen zu lassen. Denn die Welt ist in sich neutral. Nur durch euren persönlichen Filter bekommt sie die Färbung von Gut oder Schlecht, Richtig oder Falsch. Ansonsten wären die Dinge nur wie sie sind und du damit in Frieden und Liebe. Du bist nicht mehr davon abhängig, daß das, was du erwartest, eintreffen muß. Genauso wenig bist du davon abhängig, daß etwas wie es war und das du für gut befunden hast, bleiben muß. Nichts muß bleiben. Alles ist willkommen.

Es geht jetzt nur noch um das Sein in tiefer Stille und innerem Frieden, das immerwährend und ewig ist. Wenn du diesen ewigen Frieden gefunden hast, dann bist du nicht mehr abhängig davon, wie dein Leben sich gestaltet. Dann bist du nicht abhängig davon, wie andere Menschen sich dir gegenüber verhalten. Dann bist du nicht mehr abhängig davon, ob du scheinbar geliebt bist oder nicht. Dann bist du nicht mehr abhängig davon, was andere Menschen von dir denken. Dann bist du nicht mehr abhängig von Glück oder Unglück. Dann bist nicht mehr davon abhängig, daß alles so geschieht, wie du es erwartest. Dann findest du das ewige stille Glück, was unabhängig von allem ist. Die Liebe des AllEinen ist unabhängig. Sie ist immer, ob es glückliche oder unglückliche Geschehnisse gibt. Sie ist immer, ob du zurückgewiesen oder abgelehnt wirst, ob du Anerkennung und Liebe erhältst. Dann ist es nicht wichtig, ob du reich oder arm bist. Es ist in Ordnung, Milliardär zu sein, aber auch mit wenig Geld zu leben. Dann ist es nicht wahrlich von Bedeutung, ob du allein oder mit einem Partner lebst. Natürlich gibt es weiterhin Wünsche und Vorlieben. Doch der Frieden ist gefunden. Nichts mehr, was du festhalten oder was du erhalten mußt, damit du geborgen und geliebt in der Unendlichkeit des Seins bist.

Kannst du die Freiheit spüren, die darin liegt, wenn du dich nicht an Gefühlen und Gedanken, Vorstellungen und Erwartungen festhältst und inmitten all der Herausforderungen in der Stille des AllEinen bist? Freue dich, wenn etwas geschieht, das deinen Erwartungen und Vorstellungen widerspricht und dich herausfordert. Das ist die Einladung zu erkennen, was jenseits deiner Erwartungen und jenseits der Turbulenzen ist, - die unendliche Stille, die Ewigkeit.

Einige von euch wollen in diesem Leben die Meisterschaft des Lebens, das Erwachen im Christusbewußtsein, vollziehen. Dazu gibt es viele große Herausforderungen. - Aber wie, wenn nicht alles von dir gefordert wird, um das Letztendliche zu finden, wie willst du es finden? Gerade durch die Schwierigkeiten und Herausforderungen kannst du das finden, was immer unberührt bleibt, die Ewigkeit. Indem du an Grenzen stößt, beginnst du nach ihr zu suchen. Es ist die Herausforderung, mit dem zu sein, was ist. Um dir behilflich zu sein, dich von deinen Identifizierungen und Verstrickungen zu lösen und dich in dem Einen Sein zu erkennen, möchte ich dir folgende Visualisierungsübung und Meditation geben:

Sieh jetzt, wie deine Erwartungen und Vorstellungen über dich und dein Leben sich in einem Bündel, in einem Energiepaket, sammeln. Alle Energien und Informationen der Identifizierungen verlassen deinen Körper. Sie verlassen jede Zelle deines Seins und sammeln sich in diesem Bündel. Auch alle Geschichten der Vergangenheit und der Zukunft sammelst du hier. Alle Anhaftungen verlassen deinen Körper. Du hältst dieses Bündel mit der gesammelten Energie identifizierter Gedanken, Gefühle, Geschichten und Ziele in deinen Händen vor dir. Du merkst, wie dein Körper in jeder Zelle deines Seins davon befreit wird, wie mit jeder Anhaftung an Erwartungen und an Ziele, die deinen Körper verläßt, die Energie des Jetzt, die Kraft des ICH BIN, vollkommen in deinen Körper strömt. Du nimmst jetzt wahr, wie alle Anhaftungen an Geschichten der Vergangenheit und der Zukunft aus deinem Körper gegangen sind. Du stellst dieses Bündel ab.

Du befindest dich auf dem heiligen Berg. Du befindest dich auf der Spitze des heiligen Berges Gottes. Du gibst dieses Bündel an die Kraft des AllEinen, an die Allmacht Gottes, ab. Du siehst, wie das geballte Licht, die Kraft "Gottes", einen Strahl in unermeßlicher Helligkeit in dieses Bündel sendet. Alle Anhaftungen an Gedanken und Gefühle, alle Verstrikkungen und Illusionen, verbrennen darin. Du trittst zur Seite, weit genug weg, um dir genau anzuschauen, wie all die Geschichten der Vergangenheit, die Identifizierungen mit einem Ego, hier verbrennen. Es ist kein langes Ritual. Innerhalb von einer Sekunde ist alles verbrannt. Denn dieser Strahl, dieses Licht, ist so kraftvoll, daß es augenblicklich alles verbrennt. Du siehst, wie dieses Bündel deiner Identifizierungen, Anhaftungen und Verstrickungen verbrennt und sich auflöst. Da ist nur noch das Eine Licht, die Gegenwart des ICH BIN, das Bewußtsein des Christus in allem. Jetzt trittst du selbst, dein

Körper, in den Strahl des höchsten göttlichen Bewußtseins, in die Kraft des ICH BIN. Wobei sich diese Energie, dieser Strahl, jetzt in einer Form und Intensität über dich ergißt, die für deinen Körper und dein Energiesystem angemessen ist.

Du bist ganz erfüllt von der Gegenwart des ICH BIN, von dem Einen Christus. Keine Vergangenheit, keine Zukunft, keine Vorstellung und keine Erwartung, kein Wissen von oder über etwas, nur unendliche Liebe. Da ist die Kraft des ICH BIN in dir, in jeder Zelle deines Seins. Vergangenheit und Zukunft haben sich aufgelöst. Die Kraft des Jetzt, des ICH BIN, erstrahlt in unendlichem Frieden, in der Liebe des AllEinen.

Und so, inmitten der Turbulenzen und Herausforderungen deines Lebens, wirst du fortan in der Kraft des ICH BIN, in der Stille und dem Frieden des AllEinen erstrahlen. Du weißt, wer und was du in Wahrheit bist. Du wirst dich nicht mehr für deinen Körper und die Geschehnisse deines Lebens halten. Du wirst nicht mehr glauben, deinen und den Erwartungen anderer entsprechen zu müssen. Da ist fortan nur noch die Kraft des ICH BIN, des Sosein in jedem Moment.

Die Herausforderungen deines Lebens werden nicht enden. Du bist aber dem inneren Frieden, dem Bewußtsein des Christus in allem, gewahr. Es geht nicht darum, die Herausforderungen in einen harmonischen Brei umzuformen. Das wäre wieder Manipulation. Es geht um den Frieden, um die Stille inmitten all der Turbulenzen. Selbst extreme Herausforderungen werden dir nicht mehr schwierig erscheinen. Denn aus der selbstverständlichen Kraft des ICH BIN wirst du den inneren Frieden nie mehr verlassen. Lade die Turbulenzen und Herausforderungen ein, um dich erkennen zu lassen, daß der Frieden und die unendliche Stille immer in dir sind. Sehe sie als deine Meditation, als deine Lehrer zum Erwachen in der Kraft des ICH BIN an, indem sie deine Erwartungen sprengen und dich in die Hingabe an das Allmächtige führen. Die Bewältigung von Turbulenzen in solcher Geschwindigkeit ist dein Meisterstück, um das, was immer still, ewig und in Frieden ist, zu finden. Die Kraft des ICH BIN erstrahlt inmitten der Turbulenzen und durch sie. Mögen sie gesegnet sein, die Turbulenzen und Herausforderungen deines Lebens, um die Stille des ICH BIN in dir erwachen zu lassen. Amen.

11. September

Ich möchte euch eine weitere Botschaft zu den Turbulenzen und Herausforderungen dieser Zeit, im Besonderen zu den Geschehnissen um den 11. September, geben.

Als erstes, auch wenn es schwierig zu verstehen ist: Alles ist Liebe. Alles ist göttliches Bewußtsein. Auch diese Geschehnisse sind der vollkommene Plan "Gottes". Auch wenn Leid geschieht, ist es dennoch das, was geschehen sollte. Es ist das, was ist.

Hier geht es nicht darum, zu urteilen und zu diskutieren, wer die Guten oder die Bösen sind und was anders hätte sein müssen. Es ist von ungeheurer Wichtigkeit, auch wenn es für das menschliche Verständnis sehr schwierig ist, trotz allem Mitgefühl eine gewisse "Neutralität" zu behalten. Und dich nicht in Emotionen der Angst und der Schuld oder in Urteile und Gedanken von Gute und Böse zu verstricken.

Es ist die Herausforderung für euch, wenn ihr mit Angst und Verwirrung konfrontiert seid, zentriert zu sein und die Liebe des AllEinen hinter allem zu erkennen. Diese Vorstellung mag bei denen, die sehr mit dem Bild von Opfer und Täter identifiziert sind, große Abwehr erzeugen. Ich weiß, wie schwer es ist, hier eine gesunde Neutralität zu bewahren, euch nicht zu verstricken und das göttliche Bewußtsein auch in diesen Geschehnissen zu erkennen und in vollkommener Hingabe in der Liebe Gottes zu sein. Es ist eine Herausforderung, euch nicht verwirren zu lassen und nicht mehr an Angst und an den altbewährten Vorstellungen von Gut und Böse und von Schuld festzuhalten. Jetzt geht es um etwas anderes, um etwas viel, viel Tieferes.

Es geht um dein Vertrauen, um das Gewahrsein des Einen Christus in allem. Hier wird deutlich, ob du dich in Emotionen und “Besserwisserei” gefangen hältst, oder im tiefen Vertrauen, im Gewahrsein der ewigen Liebe des Christus bist und nur die Vollkommenheit siehst. Vieles, was in dieser Zeit geschieht, ist Manipulation, ein Spiel mit Gefühlen und der Versuch, euch in den Vorstellungen von Gut und Böse gefangen zu halten.

Es ist wichtig, die Informationen und Geschichten, die auch über die Medien an euch herangetragen werden, mit einer gewissen Distanz, mit einer gewissen Neutralität, zu sehen. Das heißt nicht, daß ihr nicht Mitgefühl mit Menschen in “Katastrophensituationen” haben könnt. Das heißt nicht, daß dich nicht auch einzelne Schicksale berühren können und du nicht, wenn es dein innerer Impuls ist, helfen und dich für Veränderungen einsetzen kannst. Doch ist es deine Entscheidung, ob du dich dabei in Emotionen stürzt und verwickelst.

Auch die Verstrickung in Gefühle und Gedanken, die “das Gute” zu verteidigen scheinen, sind eine Falle - die Falle der Trennung. Du hast die Wahl, in dem Gewahrsein des Göttlichen zu leben und den vollkommenen Plan zu erkennen, oder dich in Wut, Haß, Mitleid, Angst und Besserwisserei zu verstricken und diesen Gefühlen anzuhaften.

Wenn intensive Gefühle kommen, laß sie einfach geschehen. Hafte nicht an und atme durch. Laß geschehen, was geschehen will. Glaube nicht, daß ein einzelnes Gefühl die ganze Wahrheit umfassend widerspiegeln kann. Geh in den inneren Frieden, in die Stille, in das vollkommene Vertrauen, daß alles von göttlichem Bewußtsein geführt, vom EinenSein durchwandert ist. Da gibt es keinen Fehler. Da gibt es keinen Mangel.

Es liegt an dir, ob du den Ängsten, den Prophezeiungen, den unterschiedlichsten Informationen Glauben schenkst, oder ob du in der Liebe des Einen Christus verankert bist und hinter

Schmerz, hinter den Geschehnissen die Vollkommenheit, die Liebe des AllEinen, erkennst.

Gefühle und Gedanken, die mit Urteil und Wertung, mit Gut und Böse verbunden sind, sind in dieser Zeit aktiviert worden. Jedoch nur, damit du erkennen kannst, daß die letztendliche Wahrheit nicht in Gut und Böse liegen kann. Die letztendliche Wahrheit umfaßt alles, vereint Gut und Böse in sich und läßt nur das vollkommene Bewußtsein erkennen. Da ist immer Frieden. Da ist immer der tiefe Frieden jenseits von Angst, jenseits von Zerstörung und Wut, jenseits von Ohnmacht und Macht, jenseits von Täter und Opfer. All das löst sich auf.

In Wahrheit spielen Opfer und Täter nur ihre Rollen. Dahinter ist nur die Eine göttliche Kraft, das Eine unendliche Bewußtsein, das all das erschafft und lenkt. Wahren Frieden findest du dann, wenn du die Vollkommenheit, die Liebe hinter allem, erkennst und dich nicht irreleiten läßt von Bildern, die in dieser Zeit von "Gut" und "Böse" aktiviert sind. Es gibt keine getrennt handelnden "gute" oder "böse" Menschen. Alles ist durch die Eine Kraft geführt. Das sogenannte "Böse" ist genauso Ausdruck des göttlichen Bewußtseins wie alles andere auch. Alle spielen in diesem Spiel nur ihre Rollen. Die "Guten" sind nicht wirklich "gut", die "Bösen" nicht wirklich "böse". Es ist nur eine Frage der Sichtweise, eine Frage des Bewußtseins.

Da ist die Weite des Herzens gefragt, die alle Aspekte des Lebens liebt und umfaßt. Es scheint eine sehr schwierige Zeit zu sein, wenn du in menschlichen Identifizierungen und Verstrickungen gefangen bist. Das Geschenk ist jedoch, dir aufzuzeigen, wo du in Illusionen und scheinbaren Sicherheiten verstrickt bist, um dich daraus zu befreien. Es gibt auf der menschlichen Ebene keine absolute Sicherheit. Dein Körper wird geboren, und er stirbt. Beziehungen kommen und gehen. Auch Beziehungen, die dir sicher, harmonisch und nah zu sein scheinen. Geld, was dir Sicherheit zu geben scheint, kann morgen schon verloren sein. Die Geschehnisse, Wahrnehmungen und Eindrücke dieser Zeit wollen euch unter anderem bewußt machen, daß alle menschlichen Erscheinungen, beim Körper angefangen, über Beziehungen, Geld und andere Sicherheiten dir die letztendliche Sicherheit, das ewige Bewußtsein, nicht ersetzen und schenken können. Es zwingt euch, euch an nichts mehr festzuhalten, die Vergänglichkeit zu sehen und immer mehr in die Kraft des Jetzt, in das Gewahrsein der Vollkommenheit, einzutauchen.

Weißt du, was morgen sein wird? Das einzige, was immer ist, ist das vollkommene Bewußtsein, die Allmacht des Göttlichen. Die einzige Sicherheit ist das Erkennen der ewigen vollkommenen Liebe. Es ist das Bewußtsein dessen, was ewig und unzerstörbar ist. Ich nenne es das Eine, unsterbliche Bewußtsein. Das Christusbewußtsein. Das Eine Sein.

In diesem Bewußtsein werden immer mehr Menschen leben, eben auch ausgelöst durch Geschehnisse wie zum Beispiel die des 11. Septembers. Illusionen und Sicherheiten schwinden, um zu erkennen, daß das, was du in Wahrheit bist, das unsterbliche Bewußtsein, die Eine Liebe ist. Die Geschehnisse und Erfahrungen dieser Zeit können dich zu der Besinnung auf das Wesentliche in dir und deinem Leben führen.

Es geschah auch eine Aktivierung der Herz- und Christusenergie durch die Geschehnisse dieser Zeit. Erkenne, daß Vergänglichkeiten nicht die tiefe Sehnsucht nach dem EinenSein stillen können. Auch die menschliche Welt der Vergänglichkeit kann natürlich reine Freude sein. Auch sie ist Ausdruck des Göttlichen, nur kann sie dir nicht die Sehnsucht nach der unendlichen Liebe, nach dem Einen Sein, erfüllen. Das ist tiefer. Das wird erkannt, wenn dein innerer Frieden von nichts Äußerem mehr abhängig ist. Dennoch könnt ihr euch an den äußeren Dingen erfreuen, sie genießen, denn auch sie sind der vollkommene Ausdruck Gottes. Sie sind die Vielfalt, sie sind die Reflektion des EinenSeins. Das ist ein Geschenk. Das ist eine Freude. Vielmehr geht es darum, die Verstrickungen und Anhaftungen, durch die du dir Liebe und Glück erhoffst, aufzulösen, damit wahre Sicherheit, wahre Freiheit in dem Einen unsterblichen Sein gefunden werden kann.

Es stimmt. Euer Leben ist nicht mehr das, was es einmal war. - Doch nicht im negativen Sinne. Es geht nicht um Schwarzmalerei oder Angst. Es geht um das tiefe Vertrauen, daß alles so, wie es ist, vollkommen ist. Nichts ist, wie es einmal war. Das stimmt. Genau genommen war und ist das immer so. Nie war das anders. Jeder Moment ist neu. Ihr glaubtet nur, daß es äußere Sicherheit gibt, daß der neue Tag auf den alten bauen kann und ihr euch an etwas festhalten könnt. Aber das war nie wirklich der Fall. Die Geschehnisse dieser Zeit lassen das nur immer deutlicher werden. Illusionen und scheinbare Sicherheiten, die plötzlich wegfallen, können dir in das Christusbewußtsein verhelfen,- ganz im ICH BIN, in diesem Moment, zu sein. Die Verstrickung in Angst hilft nicht. Angst hilft dir nur, dich in etwas Tieferes fallen zu lassen. Die Angst hilft dir, weil du durch sie erkennen kannst, daß du dich an nichts im Außen wirklich festhalten kannst, was dir Sicherheit geben könnte. Die Angst hilft dir, dich dann auf die Suche nach dem zu machen, was dir wahre Sicherheit gibt. Das Bewußtsein der Vollkommenheit, des Einen Christus, ist in jedem Moment unabhängig von äußeren Geschehnissen.

So viel Freiheit, so viel Liebe, wenn du dich als das unzerstörbare, unvergängliche Selbst erkennst. Das ewige, unzerstörbare Selbst will jetzt erkannt werden. Dann wird Angst zu tiefem innerem Frieden, zu innerer Gewißheit und Sicherheit. Wenn du im Bewußtsein des ewigen Selbst verankert bist, geht die Angst. Weil du dir, selbst wenn dein Körper zerstört wird, der Ewigkeit und Unzerstörbarkeit des Selbst gewahr bist.

Du kannst jetzt immer mehr erkennen, daß das gesamte menschliche Leben nur ein Spiel ist, ein Film auf einer Leinwand, der erscheint und auch wieder geht. Leben und Tod des Körpers, Geburt und Tod sind nun einmal nicht aufzuhalten. Das Leben ist nicht unter eurer Kontrolle. Die einzige Sicherheit ist die Erkenntnis des unsterblichen Selbst, des Einen Christus. Und wenn du das ewige Selbst zu erkennen wünschst, dann sei wachsam, dich nicht in Gefühle und Urteile zu verstricken, sonst stärkst du die Illusionen nur. Nähre nicht die Illusion der Trennung, die Illusion von Gut und Böse. Nähre nicht die Illusion, daß es etwas anderes als Liebe, als Gott, als das Eine geben könnte und etwas Getrenntes existiert. Nähre nicht die Illusion der Dualität. Gib dem keine Energie und Aufmerksamkeit. Lebe dein Leben in der Kraft des Jetzt. Bleib bei dir. Gib dich der Kraft des Seins in diesem Moment in deinem Leben hin. So, wie dein Leben in diesem Moment ist, ist es vollkommen.

Da ist die Wahrheit in dir, in diesem Moment. Nähre nicht mit deiner Aufmerksamkeit Angst, Schuld, Macht und Ohnmacht. Sei ganz in der Vollkommenheit in diesem Moment. Tue das, was jetzt getan werden soll in deinem Leben. Laß dich nicht in einen Strudel der Emotionen ziehen. Es hilft niemandem, wenn du in einem Strudel der Emotionen, der Ängste, Wertungen und Urteile gefangen bist.

Es ist besonders wichtig, und dazu möchte ich aufrufen, voller Vertrauen in die Vollkommenheit Gottes zu sein. Und nicht immer wieder durch Berichte im Fernsehen und durch sinnlose Gespräche Urteil, Angst und das Verstricktsein in der Dualität zu nähren. Nimm Abstand davon. Lebe. Sei. Sei in der Vollkommenheit deines Lebens. Lebe dein Leben. Sei wachsam und folge offenen Herzens dem, was die göttliche Kraft für dich vorgesehen hat. Schwarzmalerei, auch das Gerede von guten und schlechten Kräften, bringt keine Befreiung. Einzig Liebe. Einzig die Erkenntnis der Vollkommenheit des unsterblichen Selbst bringt Freiheit und Liebe. Selbst in der Verstrickung, in Angst und Tod, ist die vollkommene Freiheit, das Eine vollkommene Bewußtsein.

Die Liebe und der Frieden sind immer in dir, und das in jedem Moment. Das ist das, was du immer bist. Wenn du Angst hast und urteilst, was so menschlich ist, erkenne, daß da immer die Liebe, die Unsterblichkeit des Selbst ist.

Es ist die Zeit gekommen, die Illusionen scheinbarer Sicherheiten, die Illusion des Glaubens, daß du dein Körper bist und stirbst, wenn dein Körper stirbt, wirklich zu überwinden. Es ist die Zeit, nicht nur darum zu wissen, sondern zu erfahren, daß du weder dein Körper noch deine Gefühle und deine Gedanken, weder das Opfer noch der Täter, auch nicht der Krieg und nicht die Angst bist. Denn selbst in Folter, in Angst und Pein ist die Unsterblichkeit. Das ist das, was immer ist, ob dein Körper morgen stirbt oder weiter lebt. Die Unsterblichkeit ruft dich, dich jetzt in ihr zu erkennen. Und zu erkennen, daß du immer das ewige unsterbliche Selbst bist und die Identifizierung mit einem menschlichen Körper Illusion ist. Lebe ganz bodenständig dein Leben. Jetzt ist die Zeit. Jetzt ist die Ewigkeit inmitten deines Lebens.

Finde den Frieden in dir. Geh nicht zu sehr auf die Ebene der äußeren Geschehnisse. Und nähre nicht die Energie der Angst, der Verzweiflung, der Schuld, indem du daran festhältst. Laß sie kommen und auch wieder gehen. Erkenne vielmehr, daß Opfer und Täter sowie Schuld und Unschuld Illusionen sind und einzig die Liebe, das ewige Selbst, ist.

Zusammenfassend möchte ich euch ein paar Hinweise geben. Ich möchte euch raten, nicht zu viele Informationen über Funk und Fernsehen aufzunehmen und Diskussionen über Richtig und Falsch, über Täter und Opfer zu vermeiden. Statt lautstarke Diskussionen zu suchen, gehe in die Stille. Suche nach innerem Frieden, anstatt äußeren erzwingen zu wollen. Wenn du in Angst und Unsicherheit nach äußerer Sicherheit suchst, wisse die "einzige, wahre Sicherheit" ist das unsterbliche Selbst. Das kannst du in dir und in allem erkennen. Richte deine Aufmerksamkeit auf das Jetzt. Betrachte und erkenne die Vollkommenheit und die Schönheit deines täglichen Lebens. Liebe das Leben und folge den inneren Impulsen, die im Jetzt ganz selbstverständlich erscheinen. Wisse, daß du letztendlich nichts tun kannst, daß das Leben nicht in deiner Macht liegt. So gib dich voller Demut hin und erkenne, daß alle Handlung, die geschieht, durch die göttliche Kraft gelenkt wird. Sei offen für die Vollkommenheit des Alltäglichen, des menschlichen Lebens. Ja. Da ist der Frieden, immer!

Unsicherheiten und Turbulenzen, sichtbar geworden durch den 11. September, aber auch im privaten Bereich können ein Geschenk sein, um das ewige Selbst zu erkennen und dich von Anhaftungen an Gefühle, Gedanken und scheinbare Sicherheiten zu lösen.

Göttliche Führung. Es ist unendliches vollkommenes Bewußtsein, das auch diese Geschehnisse eingeleitet hat. Das ist vollkommen neutral. Da ist ein Bush neutral, ein Osama bin Laden neutral. Das sind alles nur "Figuren", die durch unendliches Bewußtsein gelenkt werden. Wären nicht diese Geschehnisse eingetreten, hätte es ähnliche gegeben. Es ist die Qualität der Zeitenergie im Kleinen wie im Großen, im Privaten wie in der ganzen Welt. Der 11. September macht das deutlich, was in dieser Zeit ebenso in eurem Leben, in euren Beziehungen, im Beruf, mit euren Vorstellungen, Gefühlen und Erwartungen geschieht. Sie werden gesprengt, verwandelt, aufgelöst. Haltet euch nicht zu sehr an den Geschehnissen des 11. Septembers fest. Sucht und findet den Frieden in euch. Erkennt das unsterbliche Selbst.

Es ist ein Geschenk, daß Illusionen und Anhaftungen gesprengt werden. Ihr werdet Frieden mit all den Menschlichkeiten schließen und dahinter die Liebe Gottes, das vollkommene Bewußtsein, erkennen. Alle Geschehnisse sind vollkommen und neutral. Manche Menschen reagierten auf diese Geschehnisse sehr neutral. Das wird dann oft als Kälte oder Gefühllosigkeit ausgelegt, was aber nicht der Fall sein muß. In unendlichem Bewußtsein existiert kein Gut oder Böse. Das sind nur Menschen, die ihre Rollen in diesen Geschehnissen spielen. Auch sie sind gelenkt und geführt. Auch die sogenannten Bösen sind nichts anderes als unendliches Bewußtsein, als der vollkommene Ausdruck Gottes.

Das mag für einige schwer zu verstehen sein. Alles ist Gott. Alles ist Bewußtsein. Da gibt es keine Fehler. Alles ist Liebe. Sobald du das erkennst, gibt es keine Trennung mehr. Wenn du in Gedanken verstrickt bist und wissen willst, wer innerhalb der politischen Geschehnisse falsch oder richtig handelt, halte inne. - Und erkenne, daß alles gleichermaßen durch die göttliche Kraft geführt und bewegt wird. Und dann richte deine Aufmerksamkeit nach innen.

Wenn du etwas tun willst, dann richte dich auf das unsterbliche Selbst aus und bitte darum, die Ewigkeit, die hinter allem liegt, das EineSein zu erkennen. Auch die Geschehnisse des 11. Septembers, die Geschehnisse in deinem Leben in dieser Zeit, sind wie alles, was jeden Tag geschieht, der vollkommene Ausdruck göttlichen Bewußtseins. Schließe Frieden. Suche und finde das unsterbliche Selbst jetzt. Das ist das, was bleibt, wenn du in nichts mehr verstrickt bist.

Es geht wirklich nicht darum, wie die Welt anders zu sein hätte. Die menschliche Welt ist nun mal verbunden mit Geburt und Tod, mit Krieg und Kampf, auch mit Liebe und Freude. Die ganze Palette menschlichen Lebens kannst du nicht einfach verändern. Ganz einfach: Erkenne die Unsterblichkeit, und die Vollkommenheit des EinenSeins. Dann bist du frei. Da ist Freiheit und Liebe, wenn du Anhaftung an die Illusion von Gut und Böse, Richtig und Falsch durchschritten hast. Erkenne nur die Unsterblichkeit das ewige Selbst, das Eine, unsterbliche Bewußtsein.

Das ist eine der wichtigsten Botschaften, die die Geschehnisse dieser Zeit und des 11. Septembers dir geben können. Diese Geschehnisse können dich lehren, nicht in der Vergänglichkeit des menschlichen Lebens Sicherheit zu suchen und daran festzuhalten, sondern jetzt neu in jedem Moment zu sein und das unsterbliche Selbst zu erkennen und das alltägliche Leben zu leben.

Die Vollkommenheit deines alltäglichen Lebens ruft dich, sie zu erkennen. Sei. Sei einfach. Es gibt nichts, woran du dich festhalten kannst. Kein Ich, keine Person. Da ist die Unsterblichkeit des Selbst, die Unsterblichkeit des Einen. Liebe und Frieden sind immer, auch jetzt in dieser Zeit unglaublicher Turbulenzen, in dieser wunderbaren Zeit der Erkenntnis des Einen Christus, der Ewigkeit. Diese Zeit ist ein Fest. Denn sie trägt so geballt die Zerstörung von Illusionen in sich und das Potential des Erkennens und Lebens des Wahren, des Ewigen, des unzerstörbaren Bewußtseins, des Einen Christus.

So sei gesegnet mit der Kraft des Jetzt, mit der Erkenntnis des unendlichen, unsterblichen Bewußtseins. Amen.

Der Körper

Ich möchte von der Bedeutung des menschlichen Körpers erzählen. Ich möchte dir davon erzählen, wie wichtig es ist, ihn zu ehren und ihm deine Aufmerksamkeit zu schenken. Für viele spirituell und geistig orientierte Menschen ist der Körper weit im Hintergrund. Die Konzentration ist nur auf das Geistige und Spirituelle gerichtet. Natürlich stimmt es, daß ihr nicht euer Körper seid. Er wurde geboren und wird sterben. Das heißt jedoch nicht, daß du ihm nicht trotzdem deine Aufmerksamkeit schenken und in Liebe mit ihm sein solltest. Es ist wichtig, auf ihn zu hören und im Einklang mit ihm zu sein.

Ich möchte euch von der Überbetonung des Geistigen wegführen. Ich möchte deine Aufmerksamkeit zu deinem Körper lenken und dir die Wichtigkeit des Körpers gerade in dieser Zeit vor Augen führen. Bei vielen geht die Ausrichtung von ihrem Körper weg, zum Teil sogar aus ihm heraus. Dein Körper ist aber ein wichtiges Vehikel in dieser Zeit, in deinem Leben als Mensch auf der Erde. Er ist das Gefäß, durch das sich die Kraft des AllEinen ausdrückt. Er stellt auf der Ebene der Erscheinungen eine Verbindung zwischen geistiger und irdischer Welt, zwischen Geist und Materie her. Es ist ein Irrtum zu glauben, daß Geist und Körper nichts miteinander zu tun haben. Auch der Körper ist von der Liebe des AllEinen durchdrungen. Da gibt es keine Trennung. Doch wenn du nur das Geistige betonst und die Bedürfnisse deines Körpers übersiehst, dann wird das selbstverständliche Fließen der Energien unterbrochen. Das Geistige wird betont und gewinnt an Bedeutung, und der Körper wird übersehen und gerät in Vergessenheit. Alle Aspekte des Lebens sind von Wichtigkeit und haben ihre Bedeutung, auch der Körper. Für das, was du bist, ist der Körper zwar nicht wirklich von Bedeutung, denn das, was du bist, ist ewig, egal ob dein Körper lebt oder stirbt, aber der Körper ist für das Spiel dieses Lebens von Bedeutung. Da ist es wichtig, ihn zu achten. Dazu möchte ich dich einladen.

Gerade in dieser Zeit ist es wichtig, alte Informationen aus deinem Körper gehen zu lassen. In dem vorangegangen Kapitel lud ich dich ein, deine Verstrickungen der Kraft des AllEinen zu übergeben und sie dort verbrennen zu lassen. Das war eine geistige Übung, eine innere Meditation. Das mag aber nicht darüber hinwegtäuschen, daß Reinigung und Klarheit auch auf der Ebene des Körpers notwendig sind. Viele Menschen glauben, daß es reicht, in Meditationen und Visualisierungen mit hohen geistigen Energien zu arbeiten, um Reinigung und Auflösung geschehen zu lassen. Es ist eine Hilfe. Doch du darfst nicht vergessen: Es existiert in deinem Leben die Ebene des Körpers. Sie ist mächtig und nicht zu unterschätzen. Es wird von dir gefordert, das, was du innerlich durch Unterstützung der geistigen Kräfte tust, auch wirklich in deinem Leben umzusetzen. Daran fehlt es bei vielen. Das, was du in Meditationen und Gebeten suchst, gilt es, auch in der Materie zu leben.

Manchmal wollt ihr es euch zu leicht machen, denn in der Arbeit mit geistigen Kräften, mit der geistigen Welt stößt du nicht so offensichtlich auf Widerstände und Grenzen, die du in der Materie direkt erfährst. In der "Materie" zeigt sich, was du gelernt hast und wo du dich selbst belügst. Es zeigt sich hier, ob du nur in deinen Vorstellungen frei bist oder ob es die gelebte Kraft des ICH BIN ist. Es gibt viele Übermittlungen, Übungen und Meditationen, die mit der geistigen Vorstellungskraft zur Auflösung von Verstrickungen und auch zur Befreiung von Altlasten deines Körpers arbeiten. Das kann hilfreich sein, reicht jedoch nicht aus, wenn es nicht wirklich in dein alltägliches Leben einfließt und deinen Körper durchwandert.

Dazu braucht es auch die Auseinandersetzung mit und das Leben in der Materie. Da ist dein Körper ebenso von Bedeutung wie alles andere auch. Auch wenn dein Körper und das Leben als Mensch auf der Erde letztendlich Illusion sind, bewegst du dich nun einmal in dieser Illusion. Und innerhalb dieses Spiels gilt es, in Liebe mit deinem Körper und der Materie zu sein.

Um noch einmal auf die Ebene der Reinigung, des Loslassens alter Verstrickungen und Lasten zu sprechen zu kommen: Es bedarf auch dessen, daß diese Informationen deinen Körper verlassen. Dazu geschehen manchmal Zeiten körperlicher Reinigung. Es ist wichtig, auf die Ernährung und auf körperliche Bewegung zu achten. Körperliche Betätigung ist gerade jetzt von Bedeutung. Bei den massiven Energien, die auf die Erde wirken, sind die Stabilität aber auch die körperliche Stärke und Kraft deines Körpers von Bedeutung. Durch Bewegung wird dein Körper stark und kraftvoll. Diese Stärke ist eine Hilfe, um die hoch schwingenden und starken Energie tragen zu können. Das heißt nicht, daß ihr euren Körper überzüchten sollt. Das heißt auch nicht, aus übertriebenem Ehrgeiz und überzogener Disziplin euren Körper zu bewegen. Damit ist nicht gemeint, deinen Körper zu einem stählernen und gepanzerten Gefährt zu formen. Ich möchte keinen krankhaften Schönheits- und Gesundheitswahn unterstützen. Viele, die sich sportlich betätigen, bringen einen übertriebenen Ehrgeiz mit und wollen den Körper ihrer Kontrolle, ihrer Macht unterwerfen. Es geht nicht darum, deinen Körper zu einer "perfekten Maschine" zu machen, weil du dir Unsterblichkeit und Perfektion wünschst und nicht der Vergänglichkeit, dem Tod des Körpers, in die Augen schauen willst. Da wirkt nur wieder die Kraft in dir, die das Leben kontrollieren will. Hier ist kein übertriebener Ehrgeiz, Schönheits- oder Jugendlichkeitswahn gefragt. Mit deinem Körper zu kämpfen, um ihn deinem Willen unterzuordnen, bringt dir keinen Frieden.

Oft wollt ihr mit euren Gedanken und eurem Willen euren Körper bezwingen. Dann kann es passieren, daß die natürlichen Impulse und Bedürfnisse eures Körpers überhört werden. Für viele, die eher spirituell und geistig ausgerichtet sind, haben der Körper und sein Wunsch nach Bewegung aber wenig Bedeutung. Doch weder das eine noch das andere befindet sich in einem natürlichen Gleichgewicht. Das Gleichgewicht, von dem ich dir erzählen will, ist das Sein in und mit deinem Körper, das Anerkennen seiner Grenzen und seiner Möglichkeiten, aber auch seines Wunsches, gekräftigt, bewegt und stark sein zu wollen. Der Körper reinigt sich auch in Bewegung. Er nimmt Sauerstoff, frische Energie auf und gibt alten Ballast in der Bewegung ab.

Euer Energiefeld, die Aura, wird wie euer Körper gereinigt. Er kann so die Kraft, die Schwingung immer stärker werdender Energien besser halten. In der Visualisierung der körperlichen Reinigung eurer Zellen im vorangegangenen Kapitel war die Kraft des AllEinen so stark, daß sie dein Bündel von Identifizierungen und Verstrickungen verbrennen konnte. Die reine Kraft des AllEinen ist so mächtig, daß, wenn sie ungefiltert in deinen Körper fließen würde, er sofort verbrennen würde.

Das ist nicht der Sinn der Sache. In diesem Spiel hast du einen Körper, und in ihm sollst du leben. So wurde auch der Strahl des AllEinen, in den du dich am Ende der Visualisierungsübung gestellt hast, in seiner Intensität so abgeschwächt, daß er deinem Energiesystem zuträglich war. Auch daran kannst du erkennen, daß die ungefilterte Kraft des Einen in allem sehr stark ist und in deinem Körper einer abgedämpfteren, reduzierteren Form bedarf. Die Energien, die in deinen Körper fließen, wenn die Kraft des ICH BIN sich manifestiert, sind stärker als die, die dir vertraut sind. Es ist wichtig, daß die Struktur deines Körpers auch diese hohen Energien tragen kann.

Du kannst dir vorstellen, daß der Körper das Gefäß dieser sehr kraftvollen, hohen und brennenden Energien ist. Damit das Gefäß diese Energie, diese Kraft, halten kann, ist es hilfreich, ein klares und starkes Gefäß zu haben. Körperliche Bewegung ist eine Möglichkeit der Stärkung deines Körpers, wenn sie im rechten Maß vollzogen wird. Sie bringt dich auch über den Körper in Kontakt mit der Erde. Deine Aufmerksamkeit und Konzentration werden in Bewegung auf den Körper, auf die Manifestation gerichtet. Wenn es euch möglich ist, solltet ihr körperliche Bewegung an der frischen Luft in der Natur machen.

In der Natur ist das Geschenk die reine Sauerstoffzufuhr. Sie ist sehr wichtig. Altes verläßt deinen Körper. Durch die Tiefe der Atmung, die durch die körperliche Anstrengung geschieht, nimmst du vermehrt Sauerstoff, frische Energie, auf, die deine Zellen versorgt und reinigt. Das ist wichtig. Gerade für die, die Schwierigkeiten mit ihrem Körper haben, ihn ablehnen oder die geistige Entwicklung darüber gestellt haben, für die sind diese Worte bestimmt. Bewegung in der Natur ist hilfreich, - (damit ist nicht nur ein gemütlicher Spaziergang gemeint) -, um Sauerstoff aufzunehmen und deinen Körper zu bewegen. Dein Körper braucht ein regelmäßiges intensives Training. Er will nicht immer auf Sparflamme gehalten werden. Er reinigt und befreit sich, indem er ein wenig herausgefordert wird. Wenn du bis jetzt Bewegung nicht wichtig genommen hast, lade ich dich ein, dem mehr Aufmerksamkeit zu schenken: Erkenne, daß dein Körper und sein Wohlempfinden ebenso wichtig sind, um die Kraft des ICH BIN, des Christus, zu verankern, wie Erkenntnisse auf der geistigen Ebene. Wenn ihr einen Pol überspannt und den anderen verneint, geschieht ein Ungleichgewicht. Körperliche Bewegung unterstützt dich auch, keinen neuen Ballast festsetzen zu lassen. Sie bringt deine Energiekörper in Bewegung und hilft Altlasten zu lösen. Sie ist eine Hilfe, dein Gefäß, deinen Körper, rein zu halten.

Welche Form der Bewegung dir liegt, ist ganz individuell. Das ist deine Entscheidung. Nur solltest du dich nicht von deinen Vorstellungen und Erwartungen leiten lassen, sondern schauen, was dir Spaß macht, wonach dein Körper voller Freude ruft. Lade die Leichtigkeit ein und schenke deinem Körper das, womit er sich wohl fühlt. Wähle Bewegungen, die du gerne ausführst. Das sollte die innere Lebendigkeit eines spielenden, tobenden Kindes miteinbeziehen, so daß es keine Übung ist, die es hinter sich zu bringen gilt, sondern eine Freude an der Bewegung und die Freude zu sein. So wird der Gedanke "Ich muß und sollte mich bewegen" zu dem Wunsch, zu der Freude, dich bewegen zu wollen. Das können Ballspiele in einer Gruppe, Laufen, Joggen in der Natur, Fahrradfahren, InlineSkaten, Schwimmen oder Tennis sein. Das sollte aber nicht von deinem Verstand oder unter Gesichtspunkten der Fettverbrennung ausgewählt werden. Die Motivation sollte die Freude an der Bewegung sein.

Es geht darum, zu sein auch in der Bewegung, in der Leichtigkeit des ICH BIN. Es geht, wie in allen Situationen deines Lebens, ums Sein, ohne an einer Erwartung oder an einem Ziel zu haften. So kannst du schauen, welche Art der Bewegung dir liegt und dich mit Freude erfüllt, jenseits von dem Erreichenmüssen von Zielen, die du dir setzt.

Ich möchte nicht die Vorstellungen und Erwartungen von einem schlanken, jungen, nicht alternden Körper unterstützen. Du mußt weder Ziele erreichen, noch Leistungsanforderungen erfüllen. Ich möchte auch nicht deine Erwartungen nähren, wie dein Körper zu sein hätte und nicht ist. Glaube auch nicht, daß die Kraft des ICH BIN nur in einem gesunden gestärkten Körper erstrahlen kann. Es ist eine Hilfe, aber keine Notwendigkeit. Denn das Erstrahlen der Kraft des AllEinen ist unabhängig von Bedingungen.

Nach welcher Bewegung sehnt sich dein Körper? Wo kannst du spielerisch dem Wunsch deines Körpers nach Bewegung nachkommen? Welche Form von Bewegung hast du bereits früher gemacht, die dir Freude bereitete, oder welche würdest du gerne erlernen? Schau, was dich begeistert, was dich erfreut. Die Zeit der Vernachlässigung deines Körpers ist vorbei.

Ich möchte dich aber nicht mit der Illusion füttern, daß nur die Kraft des AllEinen erstrahlen kann in einem trainierten Körper. Das Erstrahlen des AllEinen, die Kraft des ICH BIN, ist, egal ob du einen gesunden oder kranken, einen schwachen oder starken Körper hast. Die Kraft des AllEinen ist immer und überall. Das ist keine Einladung an die Vorstellung, daß nur in einem Körper, der stark und kräftig ist, das Bewußtsein des ICH BIN manifestiert werden kann. Es ist ewig und unabhängig von Bedingungen.

Ich möchte keine Welle zwanghafter Bewegungsfanatiker aktivieren. Ich zeige euch nur die Wichtigkeit von Bewegung auf, als eine mögliche Unterstützung zum Erwachen im Bewußtsein des AllEinen. Das sind nur Hilfestellungen.

Das Erwachen ist nicht von Meditationen und einem "spirituellem" Leben abhängig und auch nicht von einem trainierten, gesunden Körper. Dennoch kann dir all das Hilfe sein auf dem Weg der Erkenntnis. Es sind nur Möglichkeiten.

Es scheint eine Entwicklung zum Gewahrsein des Christus in allem zu geben. Auf diesem Weg scheinbarer Weiterentwicklung gibt es Hilfen. Doch es gibt zum Gewahrsein der

Unendlichkeit keine Entwicklung. Du kannst dich nicht zum Bewußtsein des Christus in allem entwickeln. Denn du bist, wie alles, bereits das Bewußtsein des AllEinen. So kannst du nichts dafür und nichts dagegen tun. Nur auf der Ebene menschlicher Erscheinung sieht es so aus, als könntest du näher daran oder weiter entfernt sein. Das ist in Wahrheit nicht der Fall.

Auf der menschlichen Ebene gibt es diese Weiterentwicklung, bis du im Bewußtsein des Einen Christus erwachst. Ich gebe euch Hinweise, doch dein Erwachen ist von der Erfüllung dieser nicht unbedingt abhängig.

Ich möchte jetzt auf die Möglichkeit der Stärkung und Reinigung deines Körpers und deines Energiefeldes durch die Nahrung, die du zu dir nimmst, zu sprechen kommen. Das Trinken, die Flüssigkeitszufuhr, ist sehr wichtig. Das Getränk, das die klarste und reinste Struktur und Information hat, ist das Wasser. Ich spreche von reinem, klaren Wasser, dem nichts hinzugefügt oder entzogen wurde. Wasser ist eine Quelle der Reinigung, eine Quelle der Klarheit. Klares, reines Wasser zu trinken ist das Wichtigste. Die Klarheit und die Reinigung, die durch die Zufuhr von Wasser geschieht, ist von großer Bedeutung für deinen Körper. Wasser nimmt all die Informationen, die deinen Körper verlassen wollen, mit. Es gibt die Information der Klarheit und der Reinigung. Wenn ich von reinem klaren Wasser spreche, meine ich Wasser ohne Zusätze wie Kohlensäure, Tee, Kaffee, Mineralstoffe, Pflanzen oder Fruchtsäfte.

Die energetische Schwingung des Wassers spielt auch eine ganz wichtige Rolle. Selbst wenn einiges in der Ernährung zu wünschen übrig läßt und nicht der Zeitpunkt oder die Notwendigkeit für eine größere Veränderung gegeben ist, solltest du mit dem Wasser beginnen. Über allem steht die Qualität und die ausreichende Zufuhr von reinem, klaren Wasser. Gerade in der Zeit vehementer Veränderungen ist nichts wichtiger, als genügend gutes und klares Wasser zu trinken. Das ist das, was über allem steht. Das kannst du auch, wenn du nicht an gesunder Nahrung interessierst bist, ganz einfach in dein Leben einfließen lassen.

Bevor ich noch weiter auf die Ernährung zu sprechen komme, möchte ich betonen, daß ich dich nicht zu Radikalität einladen möchte. Laß Schritt für Schritt Veränderungen geschehen. Vielleicht hast du bereits erfahren, daß, wenn du dir zuviel auf einmal vorgenommen hast, du noch tiefer in deine alten Gewohnheiten gefallen bist als zuvor. Es geht nicht um Perfektionismus oder übertriebenen Aktionismus. Ich gebe dir Hinweise, die sich in deinen Alltag einfügen. Es gibt keine Regeln. Jeder Körper ist anders, jede Veränderung unterliegt ihrer individuellen Zeit, ihrem eigenen Rhythmus. Es gilt vielmehr, auf deinen Körper zu hören, wenn eine bestimmte Nahrung ihm nicht mehr entspricht und er nach etwas anderem dürstet. Das sind natürliche Impulse. Diese Impulse kannst du, wenn du zuviel verlangst und etwas erzwingen willst, nicht mehr wahrnehmen.

Manchmal kann ein Körper gleichzeitig nach verschiedenen Veränderungen verlangen. Ich möchte dich auffordern, genau zu unterscheiden, wo du etwas erzwingen willst, weil du nach Perfektion verlangst, und wo du einem gesunden Impuls folgst. Es ist in jedem Fall eine einfache, aber effektive Veränderung, ausreichend reines klares Wasser zu dir zu nehmen. Es ist wichtig, viel davon zu trinken. Denn in dieser Zeit enormer Wandlung und Reinigung und in der Beschleunigung der Energien und Geschehnisse wollen die alten Informationen deinen Körper sehr schnell verlassen. All das braucht ein

Vehikel, einen Träger, um ausgeleitet zu werden. Andere Getränke solltest du reduzieren. Grundsätzlich solltest du fast ausschließlich Wasser trinken. Du bist aus dem Wasser geboren, dein Körper bestehst daraus und löst sich in ihm auf. Besonders, wenn deine Ernährung wenig gesund ist, achte auf die Zufuhr von Wasser ohne Zusatz.

Als nächstes ist in Bezug auf die Ernährung zu erwähnen, daß weniger oft mehr ist. Die meisten von euch essen zuviel. Das ist nicht nur auf die Menge bezogen, sondern vielmehr auf die Vielfalt der Nahrungsmittel innerhalb einer Mahlzeit. Zu viele verschiedene Nahrungsinformationen überfordern euren Körper. Es ist besser, die Anzahl verschiedener Nahrungsmittel innerhalb einer Mahlzeit zu reduzieren, um nicht zu viele Informationen gleichzeitig aufzunehmen.

Die Menge der notwendigen Nahrungszufuhr kann ganz unterschiedlich sein. Es gibt Menschen, die viel Nahrung zu sich nehmen, weil ihr inneres Feuer sehr stark ist und es die Nahrung schnell verbrennt. Bei ihnen könnte wenig Nahrung ein Ungleichgewicht auslösen. Für einen Menschen, dessen inneres Feuer gedämpfter ist, ist es sinnvoll, weniger Nahrung zu sich zu nehmen. Es gibt keinen allgemein gültigen Maßstab.

Es ist auch wichtig, Gemüse und Obst, Nahrung aus der Pflanzenwelt, aufzunehmen. Das wißt ihr. Das ist euch nicht neu. Es ist auch nicht neu, daß sie hohe Lichtschwingungen enthalten und deinen Körper mit Licht versorgen. Sie leiten Gifte, Ansammlungen und alte Informationen aus deinem Körper aus.

Ich möchte auch noch auf den Verzehr tierischer Nahrung zu sprechen kommen. Es ist nicht gut, zuviel tierische Nahrung zu sich zu nehmen. Glaubt ihr, daß es Epidemien und Seuchen, die euch immer mehr heimsuchen, geben würde, wenn ihr in ausgewogener Art und Weise mit den Tieren leben würdet? Das sind Zeichen, damit ihr umdenkt und tierische Nahrung reduziert. Die Entwicklung für die Menschheit geht von der Ernährung durch tierische Nahrung weg. Es gab früher Zeiten, in denen es notwendig war, auf tierische Nahrung zurückzugreifen. Das geschah in der Regel im Einklang mit der Natur, mit den göttlichen Gesetzen. Das paßte auch zu der gröberen Körperstruktur der Menschen dieser Zeit und war auch für ihr Überleben notwendig. Doch ihr lebt in einer Zeit der Fülle von Nahrungsmitteln. Es ist für euch nicht lebensnotwendig, euch von tierischen Produkten zu ernähren. Es ist nicht notwendig, daß Tiere sterben müssen, damit du überleben kannst. Ihr seid soweit vorangeschritten, daß es möglich ist, ohne tierische Produkte, besonders ohne Fleisch, zu leben. Damit du Fleisch essen kannst, muß ein Tier sein Leben lassen. Daß ihr das Tier, bevor ihr es eßt, nicht mehr selbst töten müßt, läßt euch dies vergessen. Ihr seid nicht direkt mit dem Töten konfrontiert. Ihr seht nicht seine Augen, nicht seinen Wunsch, weiterleben zu wollen, nicht seine Angst davor, getötet zu werden. Die meisten, die Fleisch und Fisch essen, würden ihren Konsum massiv einschränken, wenn sie eigenhändig das Tier töten müßten. Ihr würdet euch dann bewußt sein, daß ein Wesen sein Leben läßt.

Ich rate euch daher von tierischer Nahrung, insbesondere von Fleisch, ab. Es ist nicht euer Recht, über Leben und Tod zu entscheiden. Es ist kein Tod, der geschehen muß. Es ist kein Tod, der geschehen muß, damit du überleben kannst.

Die Sichtweisen von Tod und Töten sind vielschichtig, und es gibt große Unterschiede. Es ist ein Unterschied, ob ein Tier getötet werden muß, damit ein Mensch überleben kann, weil es keine andere Nahrung gibt, oder ob es andere Nahrung in Hülle und Fülle gibt. In der Situation eures Lebens ist es nicht notwendig, Tiere zu töten. Es ist ein Ungleichgewicht, menschliche Ignoranz und Bequemlichkeit.

Auch deinem Energiesystem ist die tierische Energie meistens nicht sehr zuträglich. Die Information tierischer Nahrung ist verdichtet und grob. Sie ist nicht sehr hilfreich, außer vielleicht, wenn du die Tendenz hast, aus deinem Körper zu entfliehen, um dich dadurch zu erden. Doch es gibt andere, ausgewogenere Möglichkeiten.

Auch manche pflanzliche Nahrung unterstützt deine Erdung. Du kannst die Menge der Nahrung, wenn es angemessen ist, erhöhen, auch das schafft Erdung. Letztendlich ist die "Erdung" durch Fleisch nicht notwendig und auch keine wirkliche Hilfe. Obwohl ich euch von tierischer Nahrung abrate, möchte ich euch auch nicht unter Druck setzen. Alles ist individuell. Ich zeige nur eine Richtung, eine Möglichkeit auf. Für manche ist es richtig, sofort den Konsum von Fleisch und Fisch zu beenden, für andere wiederum, diesen zu reduzieren. Einige essen schon längere Zeit kein Fleisch mehr. Bei vielen hat sich der Fleischkonsum allmählich, fast unmerklich reduziert. Wenn du gerne Fleisch und Fisch ißt und dich überfordert fühlst, sofort damit aufzuhören, folge deinem individuellen Weg, ohne ein schlechtes Gewissen zu haben.

Wenn du willst, kannst du mit kleinen Schritten beginnen. Du kannst im Gewahrsein des AllEinen erwachen, auch wenn du Fleisch ißt, rauchst und deinen Körper wenig bewegst. Doch in der Regel verlangt der Körper nach mehr Bewegung und lichter Nahrung. Wenn es sein soll, erkennst du das, was du bist. Du wirst vielleicht merken, daß, je klarer du wirst, das innere Bedürfnis nach Fleisch nachläßt. Wiederum kannst du die innere Klarheit fördern, indem du kein Fisch und kein Fleisch ißt. Ich nahm bis auf Ausnahmen kein Fleisch zu mir. Im Vordergrund meiner Ernährung stand Wasser. Das ließ mich durchlässig und klar sein. Es spülte alles, was im Ungleichgewicht war, weg. Früchte, Gemüse und Getreide nahm ich zu mir, auch Wein. Doch Wein nur gezielt. Die Grundlage war das Wasser. Es gab Zeiten, wo ich außer Wasser nichts zu mir nahm, um mich nur auf die Nahrung, die Liebe Gottes, des AllEinen, zu stützen und ihn in jede Zelle meines Körpers eintreten zu lassen. - So konnten Körper und Geist von Unrat befreit werden. Wasser, immer wieder Wasser, ist von großer Bedeutung. Auch das Wasser des Meeres.

Wichtig ist auch das Salz. Achte auch auf reines Salz in seiner ursprünglichsten unbehandelten Form[1)]. Einige von euch sind bereits über die Wichtigkeit von reinem Wasser und Salz informiert. Die Zeit ist für diese Informationen gekommen. Auf reines Wasser und Salz solltest du achten. Mit der sonstigen Ernährung solltest du nicht zu nachgiebig, aber auch nicht zu ehrgeizig und perfektionistisch sein. All das fügt sich, wenn du auf deine inneren Impulse und die Bedürfnisse deines Körpers achtest. Die Energien von reinem, klaren Wasser und Salz lassen schwerlich Ansammlungen und Informationen der Verstrickungen zu, vielmehr helfen sie, auch Altes aufzulösen.

Natürlich wird das durch die Energie dieser Zeit unterstützt. Wasser und Salz unterstützen euren Wandlungs- und Reinigungsprozeß und die Erhöhung des Bewußtseins. Der Konsum von Fleisch bremst diese Reinigung. Dennoch, die Kraft des Wassers und des Salzes ist stärker, weil ihre Schwingung viel höher ist. Sie können Informationen aus dem

1) Siehe Information am Ende des Buches

Körper transportieren. Die Essenz dessen, was ich dir im Bereich der Ernährung als Unterstützung zur Erkenntnis des Einen Christus mitgeben möchte, ist:

Achte auf reines klares Wasser und auf reines klares Salz.

Nimm, wenn es dir möglich ist, kein Fleisch zu dir. Auf Fisch zu verzichten wäre auch gut, aber es ist nicht so wichtig wie die Einschränkung deines Fleischkonsums. Doch über allem stehen deine inneren Impulse. Das ist die Einfachheit der wichtigsten Informationen. Alles andere ist nicht von so großer Bedeutung. Doch wenn du weitergehen willst, empfehle ich eine pflanzliche Nahrung. Obst, Gemüse und, eingeschränkt und unter Zusatz von Wasser und möglichen Keimprozessen, auch Getreide. Gut wäre auch, Schritt für Schritt Milch, Eier und Käse einzuschränken. Das ist eine längere Entwicklung und nur eine Empfehlung. Wenn es ein Verlangen nach mehr pflanzlicher Nahrung gibt, folge dem. Schritt für Schritt wird möglicherweise auch das Verlangen nach Milch, Eier und Käse zurückgehen. Ich rate dir, dich deiner inneren Stimme, den inneren Impulsen, hinzugeben. Geh immer den kleinen Schritt, der ansteht. Bei vielen Menschen, die sich dem Bewußtsein des Christus annähern oder bereits in ihm leben, geschehen diese Umstellungen von alleine. Es geschieht von alleine, daß der Körper kein Fleisch und immer weniger tierische Nahrungsmittel zu sich nehmen will. Das ist individuell verschieden. Es gilt, nichts zu übereilen und erzwingen zu wollen, sondern deinem natürlichen Rhythmus zu folgen.

Es gilt auch, zu beachten, daß die Strukturen eurer Körper und Energiefelder sehr unterschiedlich sind. Manche Menschen brauchen eine verdichtetere Form der Nahrung. Mache dir kein schlechtes Gewissen. Urteile nicht darüber, wie du dich ernährst. Verlange nicht mehr von dir, als es zu diesem Zeitpunkt möglich ist. Es ist immer vollkommen, wie es ist.

Es ist nichts falsch an dir, wenn du viel Fleisch ißt und gar kein Wasser, sondern Cola oder Alkohol trinkst. Es ist, wie es ist. Sei damit in Frieden.

Was viel mehr ein Ungleichgewicht bewirkt, ist ein schlechtes Gewissen und ein Ziel vor Augen zu haben, das du nicht erfüllst und wofür du dich dann bestrafst. Sei jetzt in Liebe mit deiner Ernährung so, wie sie ist. Sei in Frieden, wenn du Süßigkeiten oder Fleisch ißt und dein Körper nach verdichteter Ernährung verlangt. Sei in Frieden, auch wenn dein Körper übergewichtig ist. Erkenne auch die Vollkommenheit in deiner Ernährung, selbst wenn sie im Ungleichgewicht zu sein scheint. Das ICH BIN, das Bewußtsein des All-Einen, ist jenseits von Perfektionismus. Es ist auch nicht davon abhängig, ob du im Gleichgewicht bist oder nicht. Auch wenn etwas im Ungleichgewicht zu sein scheint, liegt dahinter die Vollkommenheit. Du kannst auch nicht an deiner Ernährung messen, wie weit du im Gewahrsein des AllEinen vorangeschritten bist. Es gibt Menschen im Bewußtsein des Einen Christus, die Fleisch essen und rauchen und all das tun, was dem zu widersprechen scheint. Halte dich nicht in der Illusion gefangen, daß dir etwas fehlt und du weit von dem Erstrahlen in dem Bewußtsein des Einen Christus entfernt bist, weil du auf der menschlichen Ebene, auch in Bezug auf deine Ernährung und deinen Körper, nicht perfekt zu sein scheinst. Immer wieder gilt es, dich mit deinen Menschlichkeiten zu lieben und die Vollkommenheit in all den menschlichen Unvollkommenheiten zu erkennen. So gilt es auch, Ja zu sagen zu menschlichen Unvollkommenheiten in Bezug auf deine Ernährung und auf deinen Körper. Mache dich nicht klein und peinige dich nicht, wenn du manches, was du von dir erwartest, nicht erfüllst. Es liegt eine Weisheit darin, was mit deinem Körper, was überhaupt in deinem

Leben geschieht, die größer und vollkommener ist als alle Vorstellungen und Hinweise.

Das Aufnehmen von reinem klaren Wasser und Salz und das Verzichten auf Fleisch hat eine so starke Kraft, daß es viele andere scheinbare " Ernährungsfehler" ausgleicht. Eure Schwingung wird immer klarer und höher. Euer Körper wird immer stärker von Licht, von göttlicher Energie, durchflossen und genährt. Die göttliche Kraft ist die wahre Nahrung. Nur durch sie wirst du in Wahrheit genährt. Einzelne Vitamine und Mineralien sind nicht so von Bedeutung. Es geht nicht so sehr um die Zusammensetzung von Nahrung, um einzelne Mineralien und Vitamine. Nichts Funktionelles oder Stoffliches läßt dich in Wahrheit leben, nur die Kraft des AllEinen. So stirbt dein Körper dann, wenn er sterben soll, und das ist nicht von der Zufuhr von Vitaminen und Mineralstoffen abhängig. Das, was dich nährt und leben läßt, ist einzig und allein die Kraft des AllEinen. Und diese Kraft steht über allem. Sie ist auch nicht dadurch zu beeinflussen, wie du dich ernährst. Die Länge deines Lebens ist vorbestimmt. Ihr Menschen habt nicht die Macht, egal wie sehr ihr euch anstrengt, alles zu manipulieren und zu beeinflussen. Haltet euch weniger an Informationen über Mineralstoffe und Nährwerte fest und vertraut, daß das Bewußtsein des AllEinen stärker und machtvoller ist als das, was ein Fleischkonsum oder ungesunde Ernährung anrichten können. Die Kraft des AllEinen, des Unendlichen, ist viel stärker als Fehlernährung oder mangelnde Vitamine.

Das AllEine ist die wahre Nahrung, die euch leben läßt, das wird euch immer bewußter werden. So hat die Ernährung einerseits wenig Bedeutung, andererseits ist sie aber sehr wichtig. Es geht um die Qualität deines Lebens, um Klarheit, Beweglichkeit und Wohlempfinden. Ernährung und Bewegung sind wichtige Säulen, um das Bewußtsein des ICH BIN einzuladen und alte Informationen der Verstrickungen und Identifizierungen aus deinem Körper zu lassen.

Auch Zeiten des Fastens können sinnvoll sein, weil du spüren kannst, wie du von der Kraft des AllEinen genährt wirst. Du kannst die Reinigung deines Körpers von Altlasten damit unterstützen, denn es ist wichtig, daß alte Informationen der Angst und der Anhaftung an vergangene Erfahrungen auch wirklich die Zellen deines Körpers verlassen. Und dazu ist auch die Reinigung und Klärung des Körpers, nicht nur die des Geistes, notwendig. Das läßt sich nicht trennen. Auch durch Fasten kann die Reinigung von Altlasten geschehen.

Es sei darauf hingewiesen, wie wichtig es ist, auch hier deinen gesunden natürlichen Impulsen zu folgen. Gerade durch Fastenzeiten geschieht manchmal Fanatismus und Strenge, weil ihr dann die zu hohe Erwartung habt, euch weiterhin gesund ernähren oder Gewicht verlieren zu müssen. Ihr wollt dann zuviel auf einmal, verurteilt und bestraft euch, wenn ihr wieder in alte Ernährungs- und Verhaltensmuster zurückfallt. Fasten sollte nicht aus Fanatismus geschehen. Es ist wichtig, in Liebe zu sein und Geduld zu haben.

Erkenne auch die kleinen Schritte an. Fastenzeiten können eine Hilfe für einen neuen Anfang sein, zum Beispiel um deine Ernährung umzustellen. Oft fallen nach Fastenkuren Ernährungsumstellungen leichter. Doch verlange nicht zuviel. Erzwinge nichts. Laß geschehen, was geschehen will. Und wenn du in alte Ernährungs- und Lebensgewohnheiten zurückfällst, sei in Frieden mit dem, was ist. Beginne nicht mit einem Kampf und mache dir keinen Streß. Die Veränderungen, die sowohl in Bezug auf dein Ernährungs- wie auf dein Bewegungsverhalten geschehen wollen, werden geschehen, wenn die Zeit gekommen ist, ohne, daß du es erzwingen mußt.

Manchmal gilt es aber trotzdem, den “inneren Schweinehund” zu überwinden. Vertraue der natürlichen Entwicklung, den Geschehnissen deines Körpers und seiner Weisheit. Vertraue in die Vollkommenheit deiner Führung. So lade ich dich nur ein, deinen Körper in dieser Zeit durch Bewegung, die Zufuhr reinen klaren Wassers und Salz zu stärken und zu reinigen, um die Kraft, das Bewußtsein des ICH BIN, geschehen zu lassen. Liebe dich auch mit all den menschlichen Unzulänglichkeiten in Bezug auf Ernährung und Bewegung, was aber nicht heißt, dich ganz darin gehen zulassen. Ich lade dich ein, die Vollkommenheit zu erkennen, auch wenn dein Körper übergewichtig ist, auch wenn du Fleisch ißt. Das ist nur die Ebene der körperlichen und menschlichen Erscheinungen. Du bist willkommen. Du bist immer das geliebte Kind des AllEinen, des Christus in allem. Dein Körper sei gesegnet.

Reinigung findet in dieser Zeit auf allen Ebenen statt. So kann es auch Reinigungsreaktionen deines Körpers in Form von verstärktem Schwitzen, Magenproblemen, Darmreaktionen, Erkältungen, Husten und Schnupfen oder Erbrechen geben. Es kann aber auch viel stiller vonstatten gehen. Heiße die Reinigung auf allen Ebenen willkommen. Heiße die Stärkung und Kräftigung deines Körpers willkommen. Liebe deinen Körper, so wie er ist, mit all seinen scheinbaren Unvollkommenheiten. Heiße deine Ernährung so, wie sie ist, willkommen. Die Liebe ist. Sie ist immer und ewig. Die Vollkommenheit des ICH BIN, des Einen Christus, ist immer in dir. Sei in Frieden mit allem, was ist. Erkenne die unendliche Weisheit. Lade deinen Körper jetzt in den Prozeß der Verankerung des Christusbewußtseins ein. Erkenne, daß dein Körper das Gefäß, das Gefährt zum Erwachen in der Kraft des ICH BIN, ist. Er verankert das Bewußtsein des Einen Christus auf der Erde. Sei dankbar und ehre ihn in Liebe für all das, was er dir schenkt. Danke ihm für all die Erfahrungen des Menschseins, für das Leben in einem menschlichen Körper. Danke ihm für all die Freuden, den Genuß, für die Zärtlichkeiten, für die Liebe, die er dich erfahren läßt. Dein Körper strahlt jetzt im Glanz des AllEinen, in seiner Klarheit so, wie er ist.

Gesegnet seist du nun mit den Worten:

Freiheit und Liebe.
Reinheit und Klarheit des Geistes und deines Körpers.
Die Vereinigung von Geist und Körper
in der Kraft der Liebe,
in der Kraft des AllEinen.
Amen.

Selbstlose Liebe, selbstloses Dienen

Selbstlosigkeit, selbstloses Dienen ist immer wieder falsch verstanden worden. Ich möchte euch dessen wahre Bedeutung näherbringen.

Selbstlose Liebe ist von großer Bedeutung, um in dem Bewußtsein des Einen Christus zu erwachen. Das ist eine Liebe, die mit nichts Persönlichem zu tun hat. Das ist ein Liebe, die bedingungslos und von nichts abhängig ist. Es ist eine Liebe, die alles so annimmt und sein läßt, wie es ist. Das ist eine Liebe, die nicht einen Vorteil im Auge hat. Das ist eine Liebe, die keine Absicht hat. Das ist eine Liebe, die nichts bezweckt, die einfach ist. Selbstloses Dienen heißt auch, den Menschen, das, was sich als "Ich" identifiziert und was du zu sein glaubst, ganz in die Hand des AllEinen zu geben. Selbstloses Dienen heißt, in aller Tiefe zu erkennen, daß du als einzelner Mensch keine eigene Macht hast und außer auf der Ebene der Dualität als „getrennte Person" gar nicht existierst. Nur in der Dualität scheinen ein Ich und ein Du eine Rolle zu spielen. Doch im Gewahrsein des AllEinen geschieht Selbst - loses Dienen, weil kein Selbst, keine einzelne, getrennt handelnde Person mehr existiert, weil alles "Persönliche" dem AllEinen übergeben wurde.

Das heißt, daß die Kraft des AllEinen ungehindert durch dich fließt. Das heißt, daß du dich dem Einen Christus in allen Belangen deines Lebens vollkommen hingibst. Das heißt, daß nur noch das AllEine durch deinen Körper wirkt. Das heißt, daß dein Körper zum ausführenden Organ der Liebe des AllEinen geworden ist.

Selbstloses Dienen bedeutet, daß Wünsche und Erwartungen, Gedanken und Gefühle zwar wahrgenommen werden, doch daß es niemanden mehr gibt, der sich mit einem persönlichen Selbst identifiziert. Denn dieses scheinbare Selbst hat sich mit allem, was es zu sein scheint, der Liebe Gottes hingegeben. All dein Tun, das ganze Sein ist von der Erkenntnis des AllEinen durchdrungen. Du bist zum vollkommenen Werkzeug der Christuskraft geworden. Das ist einhergehend mit einer "Ichlosigkeit", denn die Identifizierung mit einem persönlichen Ich wurde dem größeren Ganzen übergeben.

Das heißt aber nicht, daß nicht auch Wünsche und "Ich - Gedanken" erscheinen können. Nur die Identifizierung damit hat sich aufgelöst. Denn über allem steht die Hingabe an das AllEine, an das, was ist.

"Selbstloses Dienen" wurde lange Zeit mißverstanden und benutzt, um doch wieder nur einem scheinbaren Ego zu dienen. Es bedeutet nicht, dich zum Märtyrer zu machen, dich für andere aufzuopfern, kritiklos zu sein und dich willenlos in alles einzufügen. Du mußt auch nicht alle Lasten auf deine Schultern laden und die Verantwortung für das Glück anderer Menschen übernehmen. Es gilt auch nicht, deinen Körper und seine Bedürfnisse zu vergessen. Du gibt dich nur ganz der Kraft des AllEinen hin und läßt seinen Willen durch dich geschehen. Dazu ist es nicht notwendig, daß du mit einem Heiligenschein rumläufst. Der Wille Gottes wirkt ungehindert durch dich. Selbstloses Dienen kann sich in vielfältigen Formen ausdrücken. Es ist nicht auf bestimmte Formen festgelegt.

Das wird auch durch die individuelle Geschichte, den individuellen Plan, beeinflußt. Für viele ist selbstloses Dienen gleichbedeutend damit, notleidenden Menschen zu helfen, sein Leben hinter sich zu lassen und nur noch für andere da sein zu müssen. Im Dienst des AllEinen ist es nicht von Bedeutung, in welcher Form es sich durch dich ausdrückt. Dazu brauchst du nichts Besonderes tun. Es heißt nur, dein Leben so, wie es ist, anzunehmen und die Kraft des Einen Christus durch dich wirken zu lassen. Das ist alles. Und das kann sich auch darin äußern, daß du in einer Familie mit Kindern lebst und mit Computern, Sprachen oder Menschen arbeitest. Selbstloses Dienen ist nicht auf bestimmte Formen, Vorstellungen und Erwartungen reduziert. Es ist von keinem äußeren Merkmal abhängig. Es gilt nur, deine "persönlichen Interessen" dem Willen Gottes zu übergeben.

Bei manchen Menschen drückt sich selbstloses Dienen dadurch aus, daß sie ihr ganzes Leben Armen, Hilfsbedürftigen und Kranken widmen. Das heißt aber nicht, daß es durch alle Menschen diesen Ausdruck wählt und es der einzig wahre Ausdruck selbstlosen Dienens ist.

Laßt uns einmal das Wort selbstlos beleuchten. Es heißt Selbst - los, ohne Selbst. Das ist das Gewahrsein, daß es nichts außer "Gott" gibt. Es existiert kein Selbst getrennt von Gott. Die Identifizierung mit einem getrennten Selbst hat sich aufgelöst in dem Bewußtsein des Einen Christus. Der Eine Christus wird in allem erkannt. Dann ist es nicht von Bedeutung, ob du als Märtyrer, als Diener für notleidende Menschen oder als Firmenchef fungierst. Denn egal welche Rolle, welchen Platz das unendliche Bewußtsein für dich vorgesehen hat, es ist immer nur Ausdruck des Einen Christus. Du erfüllst deinen Dienst, egal wie er aussieht. Es geht nicht um einen speziellen Ausdruck, sondern nur darum, das geschehen zu lassen, was durch dich geschehen will.

Es gibt so viele individuelle Fähigkeiten und damit auch Aufgaben. Es gibt nicht nur einen Ausdruck, der selbstloses Dienen reflektiert. Es würde die Allmacht Gottes auf diese Ausdrucksform reduzieren. Sie ist aber vielfältig. Sie ist unendlich. Es geht darum, daß dein Leben gelebt wird. Wenn du dein ganzes Geld verschenkst und Notleidende und Kranke pflegst, ist das nicht gleichbedeutend mit selbstlosem Dienen. Du kannst all das tun, dein Geld Armen und Notleidenden geben, und dennoch kann es mehr dem Ego dienen, als daß es ein selbstloses Dienen im Gewahrsein des AllEinen ist.

Anderen Menschen helfen zu wollen, geschieht oft auch aus eigener Hilflosigkeit im Umgang mit Schmerz und Leid, wenn ihr nicht der Vollkommenheit Gottes auch im Schmerz gewahr seid. Denn ihr erkennt in der Regel "Gott" nur in Gesundheit, Glück und Harmonie. Es ist der Widerstand, das Leben so anzunehmen, wie es ist. Es ist ein Irrtum zu glauben, daß du helfen und alles verändern kannst. Wahre Hilfe und Heilung sind nicht in deiner Macht. Das liegt in der Hand des AllEinen, als dessen Werkzeug du dienen darfst. Hilfe geschieht manchmal auch in dem Glauben, stärker zu sein als ein anderer Mensch. Du empfindest ihn jedoch nur dann als schwach, wenn du nicht die Kraft des Einen Christus in ihm und die Vollkommenheit seiner Situation erkannt hast. Du nimmst ihn dann nur auf der persönlichen Ebene wahr und erkennst nicht die Vollkommenheit Gottes, die bereits in ihm ist. Das AllEine ist zu mächtig und unendlich, als daß du selbst wirklich Einfluß auf die Geschehnisse nehmen könntest.

Viele helfen auch deshalb, um die Hilflosigkeit dem Leben gegenüber nicht wahrnehmen zu müssen, wenn sie an die Grenzen persönlicher Macht und Kontrolle kommen. Ihr seid dann so sehr mit dem Schmerz identifiziert, daß ihr die Vollkommenheit des größeren Ganzen dahinter nicht sehen könnt. Erkenne die Vollkommenheit des AllEinen auch hinter und in dem Schmerz. Du bist auch nicht besser als jemand anders. In jedem Menschen wirkt, auch wenn er in Not ist, dieselbe Kraft des AllEinen. Der andere ist nicht abhängig von deiner Hilfe.

Der Christus in allem – das, was ihr in Wahrheit seid, ist von nichts und niemandem abhängig.

Das heißt nicht, daß ihr euch nicht helfen und unterstützen sollt. Im Gegenteil. Ich spreche nur von dem Antrieb, der Motivation hinter dem Wunsch, helfen zu müssen. Hilfe geschieht oft aus dem Antrieb heraus, etwas verändern zu wollen, weil du selbst diese Situation nicht aushalten kannst, wenn sie nicht deinen Vorstellungen entspricht. Manchmal hilfst du auch nur, selbst wenn deine Absichten edel zu sein scheinen, weil du dich für besser, schlauer, weiser oder weiter entwickelt hältst und dich wichtig und gebraucht fühlst. Ihr glaubt, daß ihr selbst als einzelne, identifizierte Person helfen könnt.

Wenn Hilfe und Erlösung geschehen, geschieht es einzig und allein durch die Kraft des AllEinen. Es ist eine Arroganz zu glauben, daß du persönlich jemand anderen aus seinem Leid befreien kannst. Es ist eine Arroganz zu glauben, daß du wissen kannst, ob, wie und wann ein Mensch aus seinem Leid befreit werden kann. Woher willst du das wissen? Vielleicht ist die höchste Weisheit und der Wille des AllEinen, daß jemand eine bestimmte Zeit leidet, um zu Erkenntnissen zu gelangen, die ohne das Leiden nicht möglich wären. Du kannst all diese Dinge nicht beschleunigen. Du hast diese persönliche Macht nicht. Du kannst nur das Werkzeug des AllEinen sein. Du hast einen Körper, durch den sich die Kraft des AllEinen ausdrückt. Das ist alles.

Im wahrhaftigen selbstlosen Dienen kann es geschehen, daß du in Übereinstimmung mit dem Willen Gottes auch in Stille dem Leid zuschauen mußt und dir das mehr abverlangt, als aus deiner Hilflosigkeit und Angst heraus zu handeln. Du hast die Verpflichtung, der Stimme des Christus zu folgen. Deinem Körper wurde ein Leben geschenkt, um durch ihn die

Vollkommenheit des AllEinen erstrahlen zu lassen. Selbstloses Dienen bedeutet nicht, daß du die Bedürfnisse und Wünsche deines eigenen Körpers niedriger ansetzt als die Wünsche anderer und auch nicht, dein Leben für andere zu opfern. Das ist falsch verstandene Selbstlosigkeit. Das ist falsch verstandenes Dienen. Damit gibst du die Verantwortung für dein Leben ab und gibst dich ganz in die Hand des Menschen, für den du dich aufopfern willst. Es ist nur die Angst, dein Leben in seiner gesamten Konsequenz zu leben. Es ist die Angst, Ja zu sagen zu dir, zu deinem Körper und zu deinem Leben. Es kann auch die Angst sein, für dich selbst, für das, was bist, einzustehen und deine Wünsche zu formulieren.

Manche von euch haben unter dem Deckmantel, anderen helfen und ganz für sie da sein zu wollen, die Verantwortung für ihr eigenes Leben zur Seite gestellt und die Auseinandersetzung mit sich und ihrem Leben vermieden. Selbstloses Dienen heißt nicht, dein Leben wegzuwerfen, deine Wünsche und Bedürfnisse, deine Fähigkeiten und dein Leben mit Füßen zu treten.

Es heißt auch nicht, damit identifiziert zu sein, ein guter Mensch zu sein. Was heißt das schon, ein guter Mensch sein? Was heißt das schon, ein spirituell entwickelter Mensch sein? Wen interessiert das? Das ist nur eine weitere Identifizierung, die dich von anderen trennt. Du kannst auch selbstlos dem All-Einen dienen, wenn du keinen Heiligenschein hast, wenn du streitest, kämpfst und Widerstand erzeugst. Wer sagt, daß selbstloses Dienen nur mit Sanftheit zu tun hat und damit alles hinzunehmen, anderen alles recht zu machen und nie Nein zu sagen?

Ich habe manche Menschen zurückgewiesen, Nein gesagt, wenn ein Nein durch mich geschehen wollte. Ich habe Nein gesagt zu dem Geringerem, wenn sich die Vollkommenheit

Gottes dadurch offenbaren wollte. Ich war kein Mensch, der mit einem Heiligenschein über dem Boden schwebte. Ich habe mich auseinandergesetzt. Ich konnte nicht jedem Menschen Hilfe geben, wenn das nicht die Kraft des AllEinen so vorgesehen hatte und durch mich geschehen ließ. In allem habe ich die allumfassende Macht und Weisheit des AllEinen, des Ewigen, respektiert. Ich war nicht darauf festgelegt, wie etwas zu geschehen hatte. Ich glaubte nicht daran, daß die Vollkommenheit Gottes sich nur in Harmonie offenbart. Ich erkannte durch den wahren Wunsch nach Hilfe, durch den wahren Wunsch nach Erlösung, daß es nicht darum geht, auf der menschlichen Ebene alles in Frieden aufzulösen. Das war nur mein menschlicher Wunsch nach Frieden, den ihr sicherlich kennt. Ich durfte erkennen, wie tief und allumfassend der wahre Frieden Gottes zu jeder Zeit ist. Ich erkannte, daß der Eine Christus wahrlich in allem ist und ich als ein "persönlicher Mensch" nicht die Erlösung bringen kann; daß ich nur ein Werkzeug des AllEinen bin. Mir wurde deutlich, wie weitgreifend und allumfassend Erlösung sein kann. Erlösung muß nicht zwangsläufig damit verbunden sein, daß jede Schwierigkeit sofort aufgelöst ist. Erlösung liegt auch in dem Durchleben von Erfahrungen, ohne diese verändern zu müssen. Oft geschieht alleine durch das Erleben einer Situation Befreiung.

Es war auch schwer für mich, dem Leid der Menschen in die Augen zu schauen und es doch nicht verhindern zu können. Da wurde von mir verlangt, die Vollkommenheit Gottes, die Liebe in allem, zu erkennen. Immer wieder wünschte ich, es wäre leichter und der vollkommene Frieden möge auch in der menschlichen Form manifestiert sein.

Ich wurde geprüft, "Gott", die Vollkommenheit, hinter all dem Schmerz, der scheinbaren Ungerechtigkeit und Unvollkommenheit zu erkennen. Ich sollte und konnte nicht alles verändern, nur weil nach meiner Vorstellung kein Mensch mehr leiden sollte. Ich konnte Schmerz nicht nehmen, das war nur die Kraft und der Wille des AllEinen. Oft war es viel schwieriger, dem Schmerz zuzuschauen und ihn geschehen zu lassen, als den Schmerz zu lindern und Frieden und Freiheit zu bringen. Es stand nicht in meiner Macht, gegen jedes Leid etwas unternehmen zu können, sondern da war die Erkenntnis, daß der Wille Gottes auf seine Art geschieht. Doch weil ich diese Grenze erfuhr, wurde ich in aller Tiefe zu wahrer Hingabe geführt und vertraute dem AllEinen alles an. Ich mußte Menschen zurückweisen, wenn Auflösung von Schmerz und Leid nicht vorgesehen war.

Der göttliche Wille war es dann, daß Befreiung über andere Wege, oft durch sie selbst, zu einem späteren Zeitpunkt geschehen sollte. Das war dann die größte Hilfe und Weisheit. Ich gab mich vollkommen dem Willen Gottes hin und erkannte, daß ich und der Vater eins sind. Es hieß, tiefe Hingabe an alles, was geschah, auch an die Zerstörung, wenn ich sie nicht verhindern sollte.

Ich war sehr kämpferisch und mit einem starken Willen versehen. In mir lebte auch der Geist der Veränderung, der Revolution, der Umwälzung, und manchmal auch der Provokation. Ich war nicht nur sanftmütig. Ich konfrontierte und forderte. Trotzdem geschahen Liebe, Segnung und Heilung durch mich. Das war die Form, wie das AllEine durch mich wirkte. Durch andere Menschen, die im Christusbewußtsein erwacht sind, kann es sich in ganz anderen Formen ausdrücken. Es gab immer besonders auch Frauen, die in großer Sanftheit dienten. Durch andere wiederum äußerte sich das selbstlose Dienen auch durch Aufruhr und Konfrontation.

Selbstloses Dienen reduziert sich nicht auf eine bestimmte äußere Form. Selbstloses Dienen kann auch durch einen Politiker geschehen, der sich dem Willen des Allmächtigen hingegeben hat. Es kann sich auch durch einen Fabrikanten, eine Hausfrau oder einen Polizisten ausdrücken und nicht nur durch Menschen, die in sozialen Berufen oder ehrenamtlich arbeiten. Soziales Engagement ist nicht gleichbedeutend mit selbstlosem Dienen. Das kann genauso gut auch mit der Befreiung dieser Menschen aus ihrem eigenem Karma und mit ihren Lernaufgaben zu tun haben.

Es geht nicht um die äußere Form. Wenn dein Körper, deine Gedanken und Gefühlsstrukturen kämpferisch sind, mit der Ausrichtung, etwas in Bewegung zu bringen, kann es sehr hinderlich sein, wenn du an der Vorstellung festhältst, daß selbstloses Dienen seinen Ausdruck nur in Sanftmut findet. Wenn du dich hingegeben hast, dann wählt es einen Ausdruck durch dich, der individuell ist und über den du nicht die Kontrolle hast. Du kannst sehr kämpferisch sein und dennoch selbstlos dem AllEinen dienen.

Eure Vorstellungen von selbstlosem Dienen, von selbstloser Liebe sind so eingeschränkt. Sie sind zu sanft und damit doch nur ein Spiel des "scheinbaren Egos". Selbstlose Liebe heißt, die Liebe und die Vollkommenheit in allem zu finden und zu erkennen. Das fordert dich heraus, deine Vorstellungen gehen zu lassen und ehrlichen Herzens zu hören und geschehen zu lassen, was die Kraft des AllEinen durch dich bewirken will. Wenn du glaubst, daß selbstlose Liebe sich nur in bestimmten Formen ausdrücken kann, dann wisse, daß das nur Vorstellungen von Trennung sind, denn in wahrer Liebe erfährst du die Göttlichkeit in allem. Du tust das, was du tun sollst. Du bist bereit, dich unbeliebt zu machen oder andere der Wahrheit willen vor den Kopf zu stoßen, wenn es geschehen soll. Da ist sogar die Bereitschaft, Menschen auf der Ebene des "Egos" zu verletzen, wenn es so geschehen soll. Du bist dem Einen Christus so ergeben, daß du dir nicht das Recht nimmst, wissen zu können, was richtig und falsch ist oder wie wahre Liebe aussieht. Es gibt keinen Gott und auch nicht etwas Getrenntes von Gott. Da ist nur Liebe. Du folgst dem, was geschehen soll.

Ich möchte auch das Thema Verantwortung in Bezug auf selbstloses Dienen ansprechen und vorwegschicken, daß du nur für dein eigenes Leben verantwortlich bist. Es ist deine Verantwortung, "deinen persönlichen Willen" dem Willen Gottes zu übergeben.

Darüber hinaus bist du aber nicht für das Leben anderer Menschen verantwortlich. Du bist nicht dafür verantwortlich, ob sie glücklich sind. Hier ist Hilfe oft falsch verstanden worden. Ihr habt die Lasten anderer auf eure Schultern geladen, weil ihr euch verantwortlich fühltet. Die Last eines anderen zu tragen ist nicht deine Aufgabe. Das hilft und stärkt den anderen weniger, als daß es ihn schwächt. Gib die Lasten der falschen Verantwortung ab, damit ihr alle frei sein könnt. So kann der andere sein Leben selbst bewältigen und die Kraft des AllEinen erkennen. Wirklich, du schwächst sonst dich und den anderen nur. Das hilft niemandem. Das ist kein selbstloses Dienen. Es ist menschliche Arroganz und Unwissenheit zu glauben, so stark zu sein, die Last des anderen tragen zu können. Es geht darum, all die Lasten, die du für einen anderen, für deine Eltern, deine Kinder oder Freunde übernommen hast, abzugeben, damit auch sie gestärkt daraus hervorgehen und die Kraft des Einen Christus spüren können. Es ist nicht deine Verantwortung, und es liegt nicht im Bereich deiner Möglichkeiten, andere Menschen zu retten. Das sage ich dir ganz deutlich. Das ist nur mangelnde Erkenntnis und mangelndes Vertrauen. Du erkennst nicht, daß für den anderen immer gesorgt ist durch die vollkommene Weisheit und Liebe des AllEinen. Es kann nur Hilfe geschehen, wenn du als Werkzeug Gottes dienst.

Als Werkzeug Gottes zu dienen kann auch heißen, den anderen in seinen Schwierigkeiten zu lassen und die Vollkommenheit Gottes darin zu erkennen und zu vertrauen. Natürlich könnt und sollt ihr Menschen euch unterstützen. Das ist wunderbar und oft hilfreich. Doch dabei übernehmt ihr oft die Lasten anderer aus Hilflosigkeit, Abhängigkeit und falsch verstandener Liebe. Einige von euch haben die Aufgabe, andere Menschen anzuleiten, ihnen zu helfen und ihnen zu dienen, jedoch nur in der Freiheit des Seins; - in der Erkenntnis, daß der Christus überall und zu jeder Zeit zugegen ist.

Durch dein Beispiel im Bewußtsein des ICH BIN zu leben, erinnerst du andere an die Kraft des AllEinen, an den Christus in ihnen. Viel mehr durch die Kraft des SoSeins als dadurch, etwas bewirken zu wollen, kann Hilfe geschehen. Einzig indem du in dem Bewußtsein des AllEinen erstrahlst, bist du eine Hilfe. - Denn du erinnerst ohne Absicht andere an die AllMacht Gottes. Indem du die Selbstverständlichkeit des Seins lebst, werden sie an die Selbstverständlichkeit des Seins in sich erinnert. Wenn du nicht mehr unnötig Verantwortung und Lasten auf dich lädst und auf die Kraft des AllEinen vertraust, spüren sie die Kraft in sich selbst. Dann spüren sie, daß du den Christus, die Liebe in ihnen, siehst, ohne daß darüber gesprochen werden muß. Du wirfst sie in die Hand "Gottes" zurück. Du übernimmst keine unnötige Verantwortung für sie. Du sagst Ja zu dem, was ist, und siehst den Christus in all den Schwierigkeiten, in all der Hilflosigkeit der Menschen. Ja, sage Ja zu allem, was ist. Sage Ja zu der Vollkommenheit Gottes in allem. Gib die Verantwortung und deine Helfermuster dem AllEinen hin. Das Leben ist nicht in deiner Hand, in keiner persönlichen Hand.

Es gilt, die Arroganz und die Unwissenheit zu entlarven, die in dem Glauben liegt zu wissen, was gut und richtig ist und auch darin, das Göttliche nur in etwas Bestimmtem zu sehen. Woher weißt du, daß selbstloses Dienen sich in Harmonie und Frieden ausdrückt? Woher weißt du, daß du dein letztes Hemd abgeben, dich erniedrigen und dem Schmerz anderer dienen mußt? Woher glaubst du zu wissen, wie ein selbstloser Dienst auszusehen hat? Erkenne deine Vorstellungen und Erwartungen in Bezug auf Selbstlosigkeit. Das kann die Vorstellung sein, daß du keinen persönlichen Wunsch mehr haben darfst, oder daß du zu allem ja sagen mußt. Was ist wirkliche Hilfe? Wahres Dienen, wahre Liebe ist absichtslos. Nichts, was verändert werden müßte, damit Frieden und Liebe sein können. Es geht nur darum, dich der Kraft des AllEinen, dem Christus in allem, hinzugeben und zu erkennen, daß es keine Trennung gibt. Es ist die Herausforderung, deinen Vorstellungen ihre Macht zu nehmen und dich in jedem Moment der Kraft des AllEinen zu übergeben. Das ist der wahre Dienst, den du der Menschheit schenkst. - Absichtsloses Sein. - Du erstrahlst in der Freiheit des Seins, ohne die Absicht, die Welt retten zu müssen. Es geht nur darum, daß ihr im Bewußtsein des Einen Christus erwacht. Es ist nicht deine Aufgabe, etwas bei anderen zu bewirken. Durch die Kraft des SoSeins, durch das Bewußtsein des ICH BIN, geschieht Befreiung. Es ist auch nicht dein persönlicher Verdienst, wenn du im Bewußtsein des Christus erwachst. Das ist Gnade, die Gnade des Allmächtigen. So liegt das Erwachen eines Menschen nur in der Macht des AllEinen. Genausowenig hast du die Macht, jemanden erwachen zu lassen.

Erwachen ist nichts, was du dir verdient haben könntest. Es geschieht, wann und wo es geschehen will. Du kannst nur deine Schritte tun. Alles andere liegt nicht bei dir. So ist es auch nicht deine Aufgabe, andere Menschen zu missionieren und sie auf den Weg zu bringen, der deinen Vorstellungen entspricht. Deine Vorstellungen sind zu begrenzt. Die Weisheit und die Vollkommenheit des AllEinen ist stärker und allumfassender als das, was du glaubst, was richtig und gut ist. Laß deine Vorstellungen gehen, was du zu erfüllen und wie du zu sein hast, um im Bewußtsein des Einen Christus zu erstrahlen. Laß die Erwartung gehen, im Bewußtsein des Christus erwachen zu müssen. Sei jetzt in vollkommenem Vertrauen in die Kraft des AllEinen. Laß die Lasten, die Verantwortung, die du glaubtest, für andere tragen zu müssen, gehen, um dich selbst und den anderen der Kraft des AllEinen zu übergeben. Es ist eine Befreiung, wenn du die persönliche Ebene dem Bewußtsein des Einen Christus übergibst. Dann bist du genährt von unendlicher Liebe. Übergib auch die Verantwortung und das Leiden anderer, die du übernommen hast, dem AllEinen. Dann bist du frei. Dann ist auch der andere frei.

Es ist ein Irrtum, daß du auf der persönlichen Ebene jemandem wirklich helfen kannst. Hilfe liegt nur in der Erkenntnis der Vollkommenheit Gottes. Es ist nicht dein Job. Dein Job ist es, deine Erwartungen und Identifizierungen dem AllEinen hinzugeben und dem Willen "Gottes" zu folgen, egal wie er sich in seinen vielfältigen menschlichen Ausdrucksformen äußert. Gib deinen Bildern von Selbstlosigkeit nicht deine Identifizierung und deinen Glauben.

Sieh jetzt, wie du mit beiden Beinen am Boden von der göttlichen Kraft, von unendlicher Liebe, durchströmt bist. Sieh, wie du voller Kraft deine Füße auf dem Boden hast und dein Leben so lebst, wie es ist. Du gibst dich der Form, die das AllEine durch deinen Körper wählt, hin.

Was müßte dann noch anders sein, wenn du erkennst, daß bereits alles vollkommen in dem Bewußtsein des Einen Christus erstrahlt? Dann bist du in der Vollkommenheit dessen, was ist, in jedem Moment. Das ist die Liebe ohne ein persönliches Selbst. Dann gibt es auch keinen Gott mehr und niemanden, der sich "Gott" hingibt. Dann bleibt nur noch das Eine-Sein, das überall gesehen und erkannt wird.

Sieh jetzt vor deinem inneren Auge, wie du all die Lasten und Verantwortungen dem AllEinen übergibst. Du läßt all die Last der Verantwortung gehen. Du kappst diese Verbindungen und Verstrickungen der Abhängigkeit. Du überläßt die Menschen, deren Last du tragen wolltest, der Weisheit und der Kraft Gottes in vollkommener Demut. Das ist die Demut, nicht wissen zu können, was für den anderen Menschen richtig ist. Du gibst alle Lasten an die Kraft des AllEinen ab in dem Bewußtsein, daß auch das Leben des anderen vollkommen ist. Du siehst dich und den anderen in vollkommener Freiheit stehen. Der Dienst, den du zu erfüllen hast, ist es, im Bewußtsein des Christus zu erstrahlen. Dazu ist die Zeit gekommen. Warte nicht auf die Zukunft. Die Zeit ist jetzt, im Bewußtsein des Christus zu erwachen!

Das heißt nicht, daß du frei sein mußt von allen menschlichen Gefühlen und Gedanken. Es gilt nur, Ja zu sagen zu dem, was du bist. Es gilt, die Vollkommenheit Gottes in dir zu erkennen, und zwar jetzt, genau wie du bist, mit all den menschlichen Unzulänglichkeiten. Auch wenn es Gefühle der Verzweiflung, der Eifersucht und Wut und auch Gedanken der Trennung und des Urteils gibt, erkenne die Vollkommenheit. Laß dich von diesen Gefühlen und Gedanken nicht irritieren. Sie müssen nicht verschwinden. Laß all die Gefühle und Gedanken geschehen. Du kannst sie nicht auslöschen oder verhindern. Du kannst ihnen jedoch nicht deinen Glauben schenken und dir immer der Kraft des AllEinen inmitten all dieser Gedanken und Gefühle gewahr sein. Du bist gewahr, daß es nie etwas anderes als die Kraft des Einen Christus gegeben hat. Du warst niemals getrennt. Du hast niemals die Einheit verlassen. Du kannst sie auch nicht durch Gedanken und Gefühle des Mangels und der Trennung verlassen. Die Fülle und die Vollkommenheit sind immer. Laß dich von der Ebene der Erscheinungen nicht blenden. Laß dich nicht aufhalten, das zu erkennen, was du bist. Gedanken und Gefühle können nicht verhindern, daß der Christus in allem ist und du in der Kraft des ICH BIN erstrahlst. Gedanken und Gefühle kommen. Das ist wunderbar. Du brauchst dafür die Kraft des ICH BIN nicht zu verlassen. Sie können ein Verlassen des Gewahrseins des Christus nicht bewirken.

Hallo, ich rufe dich jetzt!
Du bist aufgerufen,
den Christus in allem zu erkennen.
Du bist aufgerufen,
in dem Bewußtsein des ICH BIN zu erstrahlen.
Du bist aufgerufen,
in der Kraft des Jetzt zu erstrahlen.
Jetzt, nicht morgen ist die Zeit gekommen,
mit all deinen Unvollkommenheiten
in dem Bewußtsein des Christus zu erwachen.

Du siehst jetzt auch in dem, was du früher verurteilt hast, nur unendliche Liebe. Wahre Freiheit ist, wenn es nichts mehr zu forcieren und festzuhalten oder zurückzuweisen und abzulehnen gilt. Es ist wahre Freiheit, wenn du erkennst, daß alles Gott und nichts getrennt ist.

Zum Ausklang

Nun, zum Abschluß dieses Buches möchte ich dich noch einmal direkt ansprechen und dich ermuntern, jetzt im Bewußtsein des Einen Christus zu erwachen. Komm zu dir zurück. Nimm deine Erwartungen, die du auf andere projiziert hast, zu dir zurück. Übergib sie der Weisheit und der Vollkommenheit des AllEinen. Erkenne die Vollkommenheit, die du bereits bist. Es gab niemals Unvollkommenheit, auch wenn dir etwas unvollkommen, fehlerhaft und falsch erschien. Du kannst jetzt die Vollkommenheit erkennen. Du findest sie inmitten der Unvollkommenheit, wenn du dich ganz der Liebe, der Vollkommenheit des Seins hingibst. Jetzt bist du aufgerufen, im Christusbewußtsein zu erstrahlen. Jetzt ist die Zeit, genau in diesem Moment.

Ich segne dich jetzt mit den Worten:

Vollkommene Liebe, das Gewahrsein des Christus,
sei jetzt mit dir.
Vergangenheit und Zukunft werden eins.
Du erstrahlst jetzt in der Vollkommenheit des ICH BIN.
Du löst dich auf in einem einzigen Sein und erkennst,
daß es nichts außer der Vollkommenheit des Seins gibt.
Du erstrahlst in dem Gewahrsein des Christus in allem.
Du bist frei von Bedingungen,
wie du das Bewußtsein des Christus finden kannst.
Du bist frei von der Identifizierung mit dem Glauben,
daß dir etwas fehlen könnte.
Dein "persönliches Selbst" wird niemals perfekt sein.
Es ist die Zeit zu erkennen,
daß du ein Kind Gottes und bereits vollkommen bist.
Es ist jetzt die Zeit,

in dem Bewußtsein des AllEinen zu erwachen.
Jetzt. Immer wieder jetzt!

Und an dieser Stelle spreche ich mit all meiner Autorität:

Ich dulde an dieser Stelle kein Wenn und Aber mehr, keine Ausreden und Geschichten der Vergangenheit, und keine Geschichten der Zukunft.

Ich dulde nicht mehr, daß du dich von dem persönlichen Interesse, von der Identifizierung mit einem Körper, mit Gefühlen, Gedanken irreführen läßt.

Ich sage dir mit all meiner Kraft und all meiner Autorität: Es ist Arroganz, wenn du glaubst, nicht das Göttliche, nicht das AllEine, nicht die Vollkommenheit zu sein.

Es ist Arroganz, wenn du dich klein machst und dich des Göttlichen nicht würdig empfindest. Dadurch versuchst du, aus dir etwas Besonderes, etwas von Gott- Getrenntes zu machen.

Du darfst dich ermächtigen, alles "Persönliche" dem Göttlichen zu übergeben, um vollkommen in der Kraft des ICH BIN zu erstrahlen.

Das mag wie Gotteslästerung klingen.

Das mag in euch das Gefühl auslösen, nicht würdig zu sein, vollkommen im Christusbewußtsein zu erwachen. Das Christusbewußtsein, das unendliche Bewußtsein, bist du in Wahrheit.

Das ist nichts Besonderes.

Es ist Gotteslästerung, wenn du glaubst, nicht das AllEine, nicht von Gott zu sein und dich für deine Menschlichkeiten verurteilst und Gott nicht darin erkennst.

Es ist kein Größenwahn, wenn du dir trotz deiner menschlichen Unzulänglichkeiten die Erlaubnis gibst, den Christus in dir und allem zu erkennen.

Es ist kein Größenwahn, wenn du erkennst, daß du als einzelne Person getrennt von Gott nicht existierst.

Das ist die Wahrheit dessen, was du bist.

Wenn du glaubst, nicht das AllEine zu sein und daß das unendliche Licht nur in wenigen Menschen strahlt, dann verneinst du die Allgegenwärtigkeit und die Allmacht Gottes.

Wie könnte es Arroganz oder Gotteslästerung sein, wenn du den Christus in dir und in all den menschlichen Unzulänglichkeiten erkennen willst? Das ist die Wahrheit, daß nichts außer unendlichem Bewußtsein existiert. Es ist bereits jetzt, auch inmitten all der Kriege, in dem Schmerz und in dem Leid, aber auch inmitten des Glücks. Da ist nur das Bewußtsein des AllEinen, des Christus. Es ist in allem, was ist. So erlaube dir den Wunsch und das Brennen, in dem Bewußtsein des Christus zu erwachen und das ICH BIN erstrahlen zu lassen.

Was ist mit deiner Bereitschaft, mit dem all deinem Sehnen, den Christus, die Liebe in allem, zu erkennen? Jetzt, in all meiner Autorität, schenke ich dir die dir bereits innewohnende Kraft des Christus. Karma ist beendet. Vergangenheit und Zukunft sind beendet.

Du bist frei von dem, was war, und von dem, was sein wird. Sei bereit für die Befreiung aus Ursache und Wirkung. Tritt jetzt aus dem Rad der Zeit heraus in die Ewigkeit. Du trittst jetzt in das Bewußtsein des Christus ein, unabhängig von deinen persönlichen Geschichten, von Vergangenheit und Zukunft. Du bist das Bewußtsein des AllEinen, das sich jetzt in deinem Körper manifestiert. Die Neue Zeit ist jetzt! Die Zeit ist jetzt gekommen, um in dem Bewußtsein des Christus in allem zu erstrahlen. Es gibt keine Ausreden mehr. Das Erwachen liegt nicht in der Zukunft. Es ist frei und unabhängig von allem. Es ist jetzt!

Es ist nicht von Bedeutung, wie du dein Leben gelebt hast, ob du ein "guter" Mensch warst und ob du Lasten auf deinen Schultern getragen hast. Es ist nicht von Bedeutung, ob du als Märtyrer gelebt und anderen geholfen hast. Ich sage es direkt. Das interessiert alles nicht wirklich. Es geht nicht um die Auf- oder Abwertung deines "Egos", weil du gut oder schlecht, Opfer oder Täter warst. Das ist nicht von Bedeutung, - auch nicht, ob du arm oder reich, intelligent oder dumm bist.

Hier, vor diesem Tor, bist du nackt. Da ist nur das AllEine Bewußtsein. Alles andere ist nur der Mantel, die Verkleidung auf der Ebene der Erscheinungen, den du vor diesem Tor hinter dir läßt. Denn dieser Mantel, egal ob es der des Täters oder des Opfers, der Leichtigkeit, des Gut- oder des GlücklichSeins gewesen ist. Er fällt hier von dir ab. Er ist nicht mehr von Interesse. Er verbrennt. Das, was bleibt, ist die Ewigkeit. Und die ist und war immer vollkommen. Nichts, was geschah oder geschehen wird, kann das, was du in Wahrheit bist, beeinflussen und zum Erlöschen bringen. Egal wer du bist und wer du sein wirst, vor dem Tor der Ewigkeit bist du willkommen. Hier bist du nur die Liebe, der Christus in allem. Da helfen keine Ausreden und Begründungen, warum du nicht im Bewußtsein des AllEinen erwachen kannst. Da zählt auch keine Entschuldigung, daß du zu schüchtern, zu wenig spirituell, zu bösartig, zu ängstlich oder zu dominant bist. Das gilt hier nicht. Das interessiert nicht. Das ist für das AllEine nicht von Bedeutung. Denn in all der Zerstörung, in all der Wut, in all dem Glück ist auch nur die Kraft des AllEinen. Da gibt es keine Trennung. Da ist einfach nur die Vollkommenheit in allem, was ist.

Wenn da nur Vollkommenheit ist, was könntest du dann falsch oder richtig machen, was könntest du dann gut oder schlecht gemacht haben? Was könnte dir noch fehlen? Jetzt stehst du hier vor dem Tor der Ewigkeit, durch das du eintrittst in die Vollkommenheit des Seins.

Beginne nicht zu argumentieren. Nein. Alle Argumente, warum du nicht die Ewigkeit, wahres Sein, das AllEine erkennen kannst, gelten hier nicht.

Du bist und bleibst das AllEine,
die Unendlichkeit des Seins, das ICH BIN. Jetzt!
Du bist frei. Jetzt!
Du bist die Unendlichkeit des Seins. Jetzt!
Du bist der Christus in allem. Jetzt!
Die Neue Zeit ist wirklich jetzt!
Jetzt sind wir, du und ich, eins!

Kein Jesus, der zu dir spricht, und kein Mensch, der meinen Worten lauscht. Du und ich, wir sind eins. Wir sind nur der Eine Christus in allem. Keine Trennung. Die Kraft des So-Seins erstrahlt in deinem alltäglichen Leben. Ganz selbstverständlich bist du jetzt des Christus in all den Menschlichkeiten, in der Normalität und Einfachheit deines Lebens gewahr. Die Kraft des ICH BIN, des SoSeins in jedem Moment, ist in deinem Leben. Das ist der Eine Christus, gelebt auf Erden. Das ist die selbstlose Liebe, die den Christus in all den Menschlichkeiten erkennt.

Die selbstlose Liebe läßt die Menschen und das Leben so sein, wie es ist. Sie läßt dich ganz selbstverständlich in der Vollkommenheit des Seins in deinem Alltag erstrahlen. Liebe auf Erden. Die Liebe in all den Menschlichkeiten. Erstrahle jetzt in dem Bewußtsein des ICH BIN als Mensch, mit beiden Füßen auf der Erde. Das ICH BIN ist überall, in einem menschlichen Körper oder in der geistigen Welt. Es gibt keine Trennung. Keine Erde und keinen Himmel, kein Leben in oder ohne einen Körper.

Es gibt nur das Bewußtsein des Christus, des AllEinen in allem.

Es ist jetzt die Zeit gekommen, um in einem menschlichen Körper auf Erden in der Kraft des ICH BIN zu erstrahlen. Du trittst ein in die Ewigkeit. Alles, was war und sein wird, löst sich auf in der Kraft des Jetzt, in dem ICH BIN. Du und ich, wir sind der Eine Christus in allem. Du bist nichts anderes als ich, und ich bin nichts anderes als du. Erkenne mich in dir. Und auch ich erkenne mich in dir. Es gibt nichts als das AllEine, als der EineChristus.

Sei gesegnet, denn du bist der Eine Christus!
Die Kraft des ICH BIN strahlt durch deinen Körper!
Du bist inmitten all der Menschlichkeit
in der absoluten Liebe für die
menschlichen Ausdrucksformen und das Leben!
Du bist in der Liebe des AllEinen!
Liebe, die Kraft des Christus,
sei jetzt in deinem Körper und in deinem täglichen Leben.
Jetzt ist die Ewigkeit!
Jetzt erwachst du in der Unendlichkeit des Seins, in dem
ICH BIN!
Jetzt erwachst du in dem Bewußtsein des EinenChristus!
So sei es!
Amen.

Naturbelassenes Kristallsalz aus dem Himalaja und weitere Artikel für ein gesünderes Leben erhalten Sie bei

Barbara Vödisch

Lady Nada: Botschaften der Liebe

196 S., DIN A 5, Softcover, ISBN 3-926374-75-6

Hier ist die Antwort der geistigen Welt zu einem Thema, das die Menschheit seit jeher bewegt hat. Nada, Aufgestiegene Meisterin, spricht über das Thema Liebe in all seinen Facetten: Die Liebe zu sich selbst und zu anderen; zu Pflanzen und Tieren; Kontakt mit der geistigen Welt – das sind nur einige Themen dieses Buches, aus dem so viel Liebe strömt, daß einem bei der Lektüre ganz warm und das Herz ganz weit wird.

Barbara Vödisch

Lady Nada – Meditationen der Liebe

128 Seiten, DIN A 5 . Softcover
ISBN 3-934254-00-4

Für alle die Menschen, die *Lady Nada – Botschaften der Liebe* mit Begeisterung gelesen haben und diese Botschaften praktisch in ihr Leben integrieren möchten. Meditieren Sie mit Nada –

Meditationen zur Erinnerung an eine Existenz in bedingungsloser Liebe; für Liebe und Vergebung; Befreiung von Abhängigkeiten in Beziehungen; die Liebe zu sich selbst: für den inneren Frieden, u.v.m. – als Hilfe, uns daran zu erinnern, was und wer wir wirklich sind.

Barbara Vödisch

Einssein mit Gott – das Ende jeder Suche

192 S., brosch. ISBN 3-934254-08-X

Mit überwältigender Intensität und Dringlichkeit über Wochen, von einer nicht beschreibbaren unendlichen lichten, in in allem enthaltenen Energie erfaßt, empfing die Autorin innerhalb kürzester Zeit diese Durchgaben von “ES”, göttliches Sein, das zu uns Menschen spricht, um uns zu helfen, die Einheit mit Gott zu erfahren.
Dieses Buch räumt mit Mißverständnissen und Tabus auf und hilft dem spirituell erfahrenen, aber auch dem unerfahrenen und skeptischen Leser, der Suche ein Ende zu machen und unendliches göttliches Sein, unendliche göttliche Liebe für immer gewahr zu werden.

Simone Crämer

Sananda: Ihr seid das Licht der Welt
Neue Botschaften zur Bergpredigt

192 Seiten, broschiert, ISBN 3-934254-38-1

Dieses aus der geistigen Welt übermittelte Buch verbindet altes christliches Gedankengut mit dem Christusbewußtsein unseres Neuen Zeitalters.
Der Aufgestiegene Meister und Weltenlehrer SANANDA gibt uns ein Neuverständnis seines Anliegens und knüpft dabei an die Bergpredigt an, jene Eingangsrede zum Neuen Testament, deren immerwährende Gültigkeit und tiefe spirituelle Weisheit noch immer wegweisend für uns ist. Gleichzeitig gibt er uns eine Neuinterpretation, ein Neuverständnis der Tradition, und schlägt dadurch eine Brücke zwischen Gestern und Heute, mit der er die vielen Mißverständnisse, die an die lange Geschichte des Christentums geknüpft sind, bereinigen möchte.

Barbara Vödisch

Botschaft von Andromeda – Lebe den Himmel auf Erden

ISBN 3-926374-91-8

Die Wesenheiten von Andromeda sprechen hier erstmals aus ihrer Welt unendlicher Liebe und unendlichen Seins zu uns Menschen. Ihre Botschaft lautet: Unser wahres Zuhause, unser göttliches Selbst und die göttliche Liebe sind nicht außerhalb unseres Selbst und unseres Lebens zu finden, sondern in unserem konkreten Leben auf der Erde.

Anna Amaryllis

Die Weiße Bruderschaft – Freunde im Licht

160 S. brosch., ISBN 3-926374-52-7

Dieses Buch gibt einen Einblick in das Wirken der Weißen Bruderschaft, zu deren Mitgliedern u.a. Jesus, Daskalos, El Morya, St. Germain, die Indianerin No-Eyes und Yogananda gehören. Es vermittelt Zuversicht, Kraft und Freude all denen, die um die Freunde im Licht wissen und sich diesen Energien öffnen.

Das Einstiegsbuch zum Thema DIE GROSSE WEISSE BRUDERSCHAFT.

Claire Avalon

Wesen und Wirken der Weißen Bruderschaft

ISBN 3-926374-90-X

*"Wie wir wurden, was wir sind –
Und wie wir werden dürfen, um zu sein."*
Die Autorin vermittelt in einfacher und klarer Sprache den Aufbau der Großen Weißen Bruderschaft, einer rein geistigen Hierarchie für unsere Erde, und geht dabei weit zurück bis zu den Ursprüngen unseres Seins. Außerdem weisen die Aufgestiegenen Meister und Weltenlehrer, wie Jesus, Helios, Kuthumi, Maha Cohan, Maitreya, Sanat Kumara, anhand gechannelter Texte den Weg zurück ins Licht.

Claire Avalon

Die Weiße Bruderschaft
EL MORYA: Was ihr sät, das erntet ihr!

256 S. brosch., ISBN 3-926374-59-4

EL MORYA, Aufgestiegener Meister und Herrscher des Ersten Strahls, zeigt in diesem Buch über Karma sehr anschaulich, daß es keinen strafenden Gott gibt, sondern jede Seele für das verantwortlich ist, was ihr widerfährt und daß jedes noch so kleine oder große Problem seine Ursache hat. Vor allem läßt er uns spüren, daß der Vater allen Seins mit unendlicher Liebe und Güte auf die Rückkehr jeder Seele wartet. Auch für Therapeut/inn/en ein wichtiges Buch.

Silvia Mutti

Kosmische Essenzen
Tore zum Göttlichen ICH BIN

352 S., geb. ISBN 3-934254-07-1

Diese immens hoch schwingenden Essenzen – aus dem Kosmos gechannelt – dienen als Hilfe, Blockaden und Belastungen der Vergangenheit schneller zu lösen, damit wir die in uns allen schlummernden Potentiale positiv leben und uns so schneller spirituell entwickeln können.
Ein wichtiges Buch für Eltern, die ihre Kinder bereits früh mit Essenzen auf ihrem Weg begleiten möchten, und mit zahlreichen Meditationen auch ein wichtiges Arbeitsbuch für Therapeuten und Astrologen.

Gina Hellmann

Mein magisches Rosenbuch

240 Seiten, geb. mit zahlr. vierfarb. Abb. ISBN 3-934254-33-0

Gina Hellmann hat sich auf Spurensuche gemacht und Rosen in ihrer Vielfalt entdeckt, die bisher einmalig ist: Wußten Sie, daß auch die Rosenliebe durch den Magen geht? Oder sich mit einer Rose wunderschön meditieren läßt? Oder die Rose inzwischen auch ihren Platz in Feng Shui gefunden hat? Oder ein Rosenritual die Liebe neu erblühen läßt?
Ratschläge, wie man Rosen züchtet, finden Sie in diesem Buch nicht – dafür eine Fülle magischer Tips rund um die Rose - und natürlich dürfen literarische Rosenblüten nicht fehlen.
Also: Lassen Sie sich überraschen und fangen Sie den Sommer und den Zauber der Rose ein – mit der Lektüre dieses Buches, einem köstlichen Rosendessert, einer romantischen Liebesnacht im Duft von Rosen, und, und, und ...
Mit vielen Rezepten und Ritualen rund um die Magie der Rose und einer Reihe wunderschöner Bilder und Fotos.

Sylvia Leela Isani & Christine Janson

Ein Fest der Sinne – Wohlfühlrituale für jeden Monat

240 Seiten, Großfoßformat . geb. · ISBN 3-934254-31-4

Dieses Buch inspiriert vor allem Frauen dazu, ihr Leben sinnlich, phantasievoll, gesundheitsbewußt und im Einklang mit den Jahreszeiten und der Natur zu gestalten.
Jeder Monat seht unter dem Thema einer Göttin, die einen Persönlichkeitsanteil in uns verkörpert. Darüber hinaus sind jedem Monat eine passende Heilpflanze, ein Körperteil, Yoga- und Qi-Gong-Übungen, Naturheilrezepte, Schönheitstips und Kochrezepte zugeordnet.
Ungewöhnliche Rituale, Meditationen, ausgefallene Speisen aus verschiedenen Kulturkreisen, Verwöhn- und Schönheitsrezepte – all dies lädt Sie dazu ein, den Alltag mit größerer Leichtigkeit und Lebensfreude zu meistern.
Und werden Sie schließlich selbst kreativ und schaffen Sie sich „Ihren" 13. Monat!

Patricia Monaghan

Mein magischer Garten

Aus dem Amerikanischen übertragen und bearbeitet von Gina Hellmann
240 S., Großformat, gebunden, ISBN 3-934254-15-2

Mein magischer Garten zeigt Ihnen, wie Sie einen kleinen unscheinbaren Acker in einen magischen Garten verwandeln können und macht Sie nicht nur mit den praktischen Aspekten, sondern auch mit dem Mythos des Gärtnerns vertraut; verrät Ihnen Tips zur Pflege des Bodens; bringt Gartenrituale und Zeremonien; Meditationen für die Jahreszeiten und die "alten Wege"; hilft Ihnen, Ihren Garten zu weihen; veranschaulicht Pflanzen-Archetypen und –devas; läßt sie den spirituellen Gewinn der Gartenarbeit entdecken; und enthüllt Ihnen schließlich sechzehn phantasievolle Gartenpläne, mit denen Sie den Garten Ihrer Träume schaffen können: Die Einhornwiese, Bastets Katzengarten, zwei Drachengärten, einen Feengarten, einen Hexengarten und viele andere.